HANGIL
GREAT BOOKS

인 류 의 위 대 한 지 적 유 산

HANGIL
GREAT BOOKS
141

고딕건축과 스콜라철학

에르빈 파노프스키 지음 | 김율 옮김

한길사

Erwin Panofsky
Gothic Architecture and Scholasticism

Translated by Kim Yul

The Panofsky Lecture was originally delivered as the second annual Wimmer Lecture at Saint Vincent College, Latrobe, Pennsylvania, in December 1948.
Korean edition published in 2015 by permission from Dr. Gerda S. Panofsky.
Korean translation copyright © 2015 by Hangilsa.

에르빈 파노프스키

파노프스키는 도상해석학이라는 새로운 학문적 지평을 개척했기에
'미술사학의 아인슈타인'이라고 불린다. 그는 스콜라철학과 고딕건축의 관계를
해명하기 위해 '심적 습성'이라는 개념을 제안한다. 사진은 1967년 7월 26일 독일
뮌헨의 미술사연구센터(Zentralinstitut für Kunstgeschichte)에서 강연 중인 모습.

랭스 대성당

랭스 대성당은 아미앵 대성당과 함께 전성기 고딕건축의 대표작으로 꼽힌다.
위부터 시계 반대 방향으로 서쪽 파사드, 내부에서 본 장미창,
수태고지(좌)와 마리아의 엘리사벳 방문(우)을 표현한 외벽 조각.

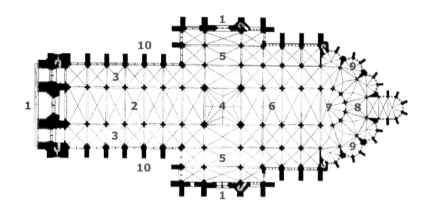

1. 파사드(facade)
2. 네이브(nave)
3. 아일(aisle)
4. 교차부(crossing)
5. 익랑(transept)

6. 성가대석(choir)
7. 앱스(apse)
8. 회랑(ambulatory)
9. 방사형 제실(Radiating chapel)
10. 버트레스(buttress)

아미앵 대성당 평면도

아미앵 대성당은 프랑스 고딕건축을 대표하는 종교건축물로서
고딕건축의 파르테논신전이라고 불린다.
파노프스키는 수평주의 트리포리움에 대한 반작용이 아미앵 대성당에서 나타난다고 보았다.

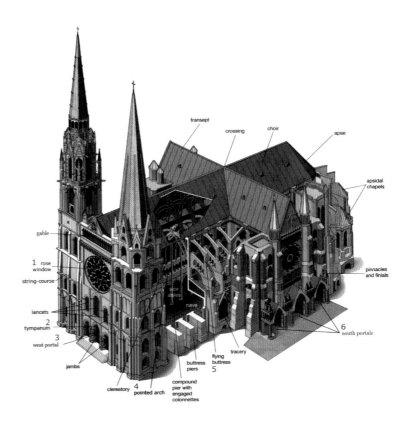

1. 장미창(rose window)
2. 팀파눔(tympanum)
3. 서쪽 현관(west portal)
4. 첨두아치(pointed arch)

5. 부유 버트레스(flying buttress)
6. 남쪽 현관(south portal)
7. 리브 볼트(rib vaults)

샤르트르 대성당 도면

프랑스 고딕건축의 또 다른 걸작인 샤르트르 대성당은
성모 마리아가 썼다는 베일을 보관하고 있다.
샤르트르 대성당이 지어진 13세기는 스콜라철학이 전성기에 접어드는 때이기도 했다.

고딕건축과 스콜라철학

에르빈 파노프스키 지음 | 김율 옮김

한길사

고딕건축과 스콜라철학

일러두기

- 이 책은 Erwin Panofsky의 *Gothic Architecture and Scholasticism* (Latrobe, Pa.: Archabbey Press 1951)을 옮긴 것이다.
- 본문에 나오는 [ ]는 독자의 이해를 돕기 위해 옮긴이가 넣었다. 해제 각주에 나오는 [ ] 안의 숫자는 이 책 본문의 단락 번호다.
- 각주에서 토마스 아퀴나스의 『신학대전』(*Summa Theologiae*)을 언급할 경우 *S. Th.*로 약칭하고, 이 책의 원서를 언급할 경우 *GS*로 약칭했다.
- 본문에서 저자 주는 1), 2), 3)으로, 옮긴이 주는 *, **, ***로 표시했다.
- 인명, 지명 등은 국립국어원 외래어표기법을 원칙으로 삼아 표기했으나 일부는 학계에서 통용되는 용어로 표기했다. 인명의 라틴어 표기는 「찾아보기」에 넣었다.

철학의 첨탑, 첨탑의 철학[1]

· 파노프스키가 본 중세 정신

김 율 대구가톨릭대학교 교수 · 서양철학, 미학

저술의 경위와 내용적 특징

독자들이 손에 들고 있는 이 텍스트는 본래 에르빈 파노프스키(Erwin Panofsky)가 1948년 12월에 펜실베이니아의 성 빈센트 칼리지(Saint Vincent College)에서 행한 학술강연 원고다. 베네딕트 수도회가 세운 이 대학은 매년 겨울에 설립자 신부를 기념하는 학술강연(Boniface Wimmer Lecture)을 개최하는데, 그해에는 당시 프린스턴 고등과학원에 재직하며 이미 세계적 명성을 굳히고 있던 망명 미술사학자 파노프스키를 초청했다. 파노프스키의 강연 원고는 1951년 큰 수정 없이 그 대학의 출판부에서 출간됐다.

먼저 강연 원고라는 저술 형식에 관해 잠시 언급하자. 비전문가 청중을 대상으로 학술강연을 하고 그 강연 원고를 학술 저서 시리즈의 한 권

---

[1] 이 글은 『미학』 80, 한국미학회, 2014, 33~80쪽에 게재된 옮긴이의 논문 「스콜라철학과 고딕건축의 '심적 습성'」을 해제 성격에 맞게 수정한 것이다. 내용과 체제가 본질적으로 달라진 것은 아니지만, 관심 있는 독자는 포괄적인 각주를 포함해 더욱 엄격한 학술적 형식을 갖춘 원논문을 찾아보길 바란다.

으로 출간하는 것은 파노프스키가 망명한 이후 경험한 미국 학계 특유의 저술 문화였다. 이주 학자로서의 학문적 이력에 대한 회고를 담은『시각예술의 의미』(한길사) 후기에서, 파노프스키는 이 새로운 문화적 경험이 자신의 저술 작업의 방향에 미친 영향을 언급하고 있다. 즉, 그는 미국식 학술강연 문화를 접하면서 학문적 정확성을 포기하지 않으면서도 대중에게 자신을 이해시키는 것이 가능하다는 사실을 깨달았는데, 그 깨달음이 여러 편의 논문 대신 한 거장이나 한 시대 전반에 관해 책을 쓸 용기로 이어졌다는 것이다.[2]『고딕건축과 스콜라철학』의 일차적 특징은, 상대적으로 짧은 분량임에도 수많은 구체적 자료에 대한 미시적 조사를 토대로 중세라는 한 시대 전체의 정신적 맥락을 거시적으로 재구성하려는 시도가 담겨 있다는 점이다. 파노프스키의 자전적 언급에서 알수 있는바, 이러한 특징은 이 텍스트의 저술 경위와 무관하지 않다.

그런데 학술강연의 결과물로 생겨난 파노프스키의 저서는『고딕건축과 스콜라철학』외에도 여럿이 있다.『도상해석학 연구』(Studies in Iconology, 1939)와『인문주의 예술가 뒤러』(The Life and Art of Albrecht Dürer, 1943)가 그렇고,『초기 네덜란드 회화』(Early Netherlandish Painting, 1953)와『묘지 조각상』(Tomb Sculpture, 1964)도 그렇다. 그리고 저술의 경위를 떠나서 평가하더라도, 치밀하고 세부적인 전문 지식을 엮어 한 시대의 전체적 면모에 대한 일반적 통찰을 이끌어내는 것은 비단 이 책뿐 아니라 그의 저서 대부분에서 발견되는 서술 태도이기도 하다. 그렇다면 이 텍스트『고딕건축과 스콜라철학』에서 참으로 특기할 만한 점은 무엇일까? 그것은 재차 설명하겠지만, 중세미술과 중세철학의 관계, 더 구체적으로 말해 중세의 건축 자료와 철학 문헌의 관계를 설명

---

2) E. Panofsky, *Meaning in the Visual Arts*, Garden City, N. Y.: Doubleday, 1955, p.330.;『시각예술의 의미』, 임산 옮김, 한길사, 2013, 486~487쪽.

파노프스키의 스승 아비 바르부르크(위)와
고등과학원 시절의 파노프스키

바르부르크(Aby Warburg)는 파노프스키에게 도상해석학의 이념을 물려주었다.

하기 위해 동원하는 '문화적 평행현상'이라는 해석 틀에 있다. 잘 알려진 것처럼, 파노프스키는 종래의 미술사학자들과 달리 미술사의 자료들을 미술사 이외의 광범위한 문헌학적 자료들에 연결시켜 해석하는 것을 즐겼다. 미술사뿐 아니라 상이한 문화 영역들을 아울러 살피는 이러한 연구 태도가 개별 자료들 간의 연결을 넘어 '체계적인' 연결의 구성으로, 즉 문화적 '경향들'의 평행이라는 해석으로 심화되고 있다는 것, 바로 그것이 우리가 이 텍스트에서 관찰할 수 있는 중요한 내용적 특징이다.

　이 텍스트 전체는 고딕건축과 스콜라철학의 문화적 평행현상이라는 하나의 명제로 압축될 수 있다. 물론 고딕건축과 스콜라철학의 밀접한 관계에 주목한 사람들은 파노프스키 이전에도 있었다. "고딕건축물은 12~13세기 스콜라철학의 명료한 번역이었다"라고 한 젬퍼(Gottfried Semper)나 "고딕은 돌로 이룩된 스콜라철학(die steinerne Scholastik)이다"라고 한 데히오(Georg Dehio)가 대표적이다. 그러나 파노프스키의 기여는 두 선행자를 뛰어넘는다. 그는 두 문화적 현상의 관련성에 관한 단편적 언급이 아니라 평행의 발생 구조와 전개 과정에 관한 논리적 설명을 시도하기 때문이다. 평행의 발생을 설명하기 위해 그가 사용하는 개념적 도구가 바로 이 저서의 핵심 개념인 '심적 습성'(mental habit)이다. 텍스트를 소화하기 위해서는 이 개념에 대한 선이해가 필요하다.

심적 습성

　부르디외(Pierre Bourdieu) 이후로 '습성'이라는 말은 현대사회학에서 가장 대중적으로 사용되는 전문용어 중 하나가 되었다. 부르디외가 자신의 등록상표 격인 아비투스 개념을 고안한 계기가 바로 『고딕건축과 스콜라철학』 번역과 해제 작업(1967)이었다는 것은 이미 잘 알려져 있다.

이 미술사 저서의 제목이 미술사학자가 아니라 사회학자들 사이에서 더 유명해진 것도 이런 연유다. 그런데 모든 개념에는 그 개념을 나름의 방식으로 사용하는 사람 이전으로 거슬러 올라가는 역사가 있다. 몇 마디의 사전적 정의 같은 피상적 의미라면 모를까, 개념의 역사를 모르고 그의미를 파악할 수는 없다. 그러니 부르디외를 연구하는 사회학자든 파노프스키를 연구하는 미술사학자든, 습성이라는 개념의 의미 근원을 이해하려는 사람은 결국 철학사를 조회하지 않을 도리가 없다. 거기서 습성개념이 주조되어 나왔기 때문이다. 그리고 이 조회 작업은 마땅히 아리스토텔레스에서 시작되어야 한다.

우리가 '습성'이라고 번역하는 현대 서양어들, 즉 영어 'habit', 프랑스어와 독일어 'habitus', 에스파냐어 'hábito' 등의 어원은 라틴어 'habitus'고, 이 말은 희랍어 'hexis'의 번역어다. 소유하다는 뜻의 동사 'echein'의 명사형인 'hexis'가 철학 또는 논리학의 전문용어로 사용된 것은 아리스토텔레스의 『범주론』과 『형이상학』에서부터다. 아리스토텔레스는 'hexis'를 크게 두 가지 의미로 이해한다. 첫째, 열 가지 범주 중 하나에 해당하는 '소유'(가짐)라는 원초적 의미다. 이런 의미에서 'hexis'는 '소유하는 것'(소유자, 소유 주체)과 '소유되는 것'(소유물, 소유 대상) 사이에 위치하는 어떤 중간자로 간주되며, 엄격한 의미의 행위는 아니지만 행위와 비슷한 어떤 것으로 이해될 수 있다. 둘째, 'hexis'라는 용어는 그 자체로 독자적 범주를 가리키는 대신에 질(poiotes) 범주의 한 갈래를 가리키기도 한다. 『범주론』 제8장에서 아리스토텔레스는 질을 네 종류로 나누는데, 그중 하나가 바로 'hexis'이다. 이 hexis 개념은 'diathesis'(disposition, 성향)라는 개념과 밀접한 관련이 있다. 아리스토텔레스의 설명인즉슨, 어떤 사물이 놓이게 되는 특정한 상태(따뜻함이나 차가움, 병과 건강 등)를 'diathesis'라 부르고, 그 상태가 어떤 연유로 인해 오래 지속되어 쉽게 변할 수 없는 것이 되었을 때 그것을 'hexis'라고 부른다는 것이다.

아리스토텔레스가 의도하는 'hexis'의 의미 구별을 어떻게 이해하면 될까? 어렵게 생각할 필요 없이 다음과 같은 점을 짚어보면 될 것이다. 먼저, 첫 번째 의미에서 'hexis'를 소유한다는 것은 말이 되지 않지만, 두 번째 의미에서 'hexis'는 '소유되는 어떤 것'으로 이해할 수 있다. 또한, 첫 번째 의미의 'hexis'는 못 가짐(缺如, steresis)과 모순 관계에 있는 것이므로 정도를 받아들이지 않지만, 두 번째 의미의 'hexis'에서는 정도를 말하는 것이 가능하며 더 나아가 좋고 나쁨을 판단할 수도 있다. 즉, 두 번째 의미에서는 한 종류의 'hexis' 중에서도 더 강한 'hexis'와 덜 강한 'hexis'가 존재할 수 있고, 하나의 관점에서 훌륭한 'hexis'와 저열한 'hexis'를 가를 수도 있다.

'소유'라는 원초적 의미와 구별되는 이 두 번째 의미의 'hexis', 바로 이것이 '습성'이라는 한국어—그리고 'habit'류의 현대 서양어—의 기초적 의미 영역과 대략 일치하는 개념이다. 이 두 번째 습성 개념은 『니코마코스윤리학』에 차용되어 인간의 성격을 규명하는 개념적 틀로 기능하게 된다. 서양 인간학과 행위이론의 고전적 원형을 담고 있는 이 저작에서 아리스토텔레스는 'hexis'를 일관되게 인간적 행위의 원리인 '영혼의 습성'이라는 심리학적 의미로 사용한다. 이런 의미의 습성 개념이 가장 분명하게 규정된 곳은 『니코마코스윤리학』 제2권 제5장이다. 여기서 아리스토텔레스는 적절한 감정을 유지하게 하는 성격적 탁월성에 대해 논하면서, 탁월성(arete, 덕)의 유개념이 어떤 것인지를 묻는다. 답변의 후보로서 감정, 능력, 습성이라는 세 개념을 검토하고 나서 그가 선택하는 것은 습성인데, 습성을 "그것에 따라 우리가 감정들에 대해 제대로 태도를 취하거나 나쁘게 태도를 취하게 되는 것"(II, c.5, 1105b25~26)이라 규정한다.

물론 습성은 성격적 탁월성의 유개념일 뿐 아니라 학문, 지성, 지혜와

18

같은 지성적 탁월성의 유개념이기도 하다. 탁월성 일반——그리고 그와 상반되는 저열함 일반——의 유개념에 해당하는 아리스토텔레스의 습성 개념을 우리는 다음과 같이 규정할 수 있다. 즉, 습성이란 특정한 활동을 할 수 있는 인간의 능력이 반복적 활동을 통해 갖게 된 변하기 어려운 성질이다. 이 성질이 한번 형성되고 나면 해당 능력은 자신의 활동을 그 성질에 따라 유독 특정 방식으로만 수행하게 된다. 그리고 이런 의미에서 습성은 사물의 본성은 아니지만 사물이 마치 돌이킬 수 없는 제2의 본성처럼 갖게 된 '활동의 태세'라고 할 수 있다.

파노프스키가 철학사에서 도입하는 습성 개념이 아리스토텔레스에 뿌리를 둔 것은 분명하지만, 이러한 개념사적 기원이 파노프스키의 텍스트에 언급되지는 않는다. 파노프스키가 직접적 인용의 대상으로 삼는 인물은 중세의 걸출한 아리스토텔레스 수용자, 토마스 아퀴나스(Thomas Aquinas, 1224/25~74)다. 스콜라철학과 고딕건축의 관계를 해명하기 위한 개념적 수단으로 '심적 습성'이라는 용어를 도입하는 『고딕건축과 스콜라철학』 제2장에서, 파노프스키는 이 용어가 남용되는 경향을 지적하면서 이 용어의 정확한 스콜라철학적 의미로 돌아갈 것을 제안한다. 그가 포착하는 이 용어의 스콜라철학적 의미는, 토마스 아퀴나스가 『신학대전』 제2부 제1편 제49문 제3절에서 규정한 바, '활동에 대한 관련성을 내포하는 원리'(principium importans ordinem ad actum)다. 여기서 파노프스키는 토마스 아퀴나스를 엄격하게 축어적으로 인용하지도 않으며, 스콜라철학 특유의 정밀함이 돋보이는 인용 대상 텍스트의 특수한 논점과 논의 맥락을 되살리려 시도하지도 않는다. 말하자면 그는 토마스적 습성 개념을 자신이 필요한 수준에서 참조해, 실질적 역사 분석 작업의 도구로서 이 용어를 사용하기 위한 최소한의 의미론적 기초를 확정할 뿐이다.

그가 토마스 아퀴나스를 원용하여 확정하는 심적 습성의 의미는 '인

간의 행위에 규제적 영향을 발휘하는, 그리하여 특수한 행위 방식으로 표출되는 심리적 성향'이다.[3]

그런데 일상적 용법에 선을 그으며 그가 부각시키는 습성의 의미는 이처럼 '행위의 심리적 원리'이지만, 개념사의 전통을 고려해보았을 때 그의 습성 개념에서 정말 중요한 특징은 따로 있다. 그것은 그가 습성을 사회적이고 집단적인 개념으로 이해한다는 점이다. 텍스트에서 명시적으로 말하는 것은 아니지만, 파노프스키는 습성을 개인의 습성이기에 앞서 사회적으로 형성되어 초개인적으로 존재하는 어떤 요인으로 이해한다. 이것은 아리스토텔레스나 토마스 아퀴나스의 습성 개념에는 포함되어 있지 않은 새로운 시각이다. 물론 가장 뚜렷한 의미에서 존재한다고 말할 수 있는 것은 개인의 영혼이며, 개별 영혼 안의 습성이다. 그런데 파노프스키의 생각은 구체적인 개인들 안에 이미 집단적 요인이 들어와 있다는 것이다. 집단적 요인의 틈입은 거의 불가역적이다. 우리가 앞으로 텍스트에서 읽어낼 수 있는바, 파노프스키의 일관된 관심은 개인의 심적 습성을 일종의 사회적 산물로 간주하고 더 나아가 한 사회를 특징짓는 초개인적이고 공통적 습성의 존재를 탐색하는 데에 있다.[4]

파노프스키의 습성 개념 수용에서 또 한 가지 두드러지는 것은, 그가 습성의 역사적 변천에 주목한다는 점이다. 아리스토텔레스는 개인 차원

---

3) 개념사의 용례를 충실히 고려하면, '심적'(mental)이라는 표현은 사실 불필요한 수식이라고 할 수 있다. 아리스토텔레스에게서도 이미 대체로 그렇지만, 토마스 아퀴나스는 습성이라는 용어를—그것이 인간 행위의 원리를 가리키는 한에서—영혼의 습성이라는 의미로 확정해 사용하기 때문이다. S. Th., I-II, q.5, aa.1-2.

4) 이 관심은 예술 작품에 들어와 있는 초개인적 세계관을 찾으려는 1932년 논문 「조형예술작품의 기술과 내용해석 문제」("Zum Problem der Beschreibung und Inhaltsdeutung von Werken der Bildenden Kunst," in: *Ikonographie und Ikonologie*, ed. by E. Kaemmerling, Köln: DuMont,⁶1994, pp.185~206)에 나타난 관심과 다르지 않다.

카를로 크리벨리, 「토마스 아퀴나스」, 15세기

에서 습성의 시간적 불가역성을 강조했지만, 역사적 시간 차원으로 시각을 넓히면 이야기는 달라질 수 있다. 삶을 살아오며 만들어진 개인의 성격이 바뀌기 힘들다는 것이야 누가 모를까마는, 개인적 삶들의 수적, 시간적 집합인 역사를 놓고 보면 시대의 심적 습성은 느리더라도 결국 변화하고 또다시 변화하지 않는가. 파노프스키는 심적 습성을 이렇듯 철저히 시대적인 개념으로 이해한다. 그에 따라 우리는 '전성기 중세의 심적 습성' '르네상스의 심적 습성' '근대 자본주의의 심적 습성' 등을 말할 수 있으며, 더 좁게는 '68세대의 심적 습성' 또는 '유신독재 시대의 심적 습성' 등을 말할 수도 있을 것이다. 그런데 심적 습성의 역사성을 표현하는 이러한 수많은 구체적 사례를 가정해보는 것은 정당하지만, 한편으로 우리는 파노프스키가 습성의 역사성을 단순히 역사학의 통상적 시대 규정을 통해 이해하려 했다고 오해해서는 안 된다. 그는 오히려 역사학의 시대 구분이 그 자체로 설명을 요하는 것이며, 심적 습성의 탐구가 그러한 설명의 기초를 마련해줄 수 있다고 생각한다. 즉, 심적 습성은 다양한 문화 영역에 작용해 평행현상을 만들어 내며, 그 평행현상이 시대를 구분하는 기준이 될 수 있다는 것이다. 바로 이것이, 텍스트의 초두를 여는 파노프스키의 문제의식이다. 이제 본격적으로 텍스트를 탐구해보자.

고딕건축과 스콜라철학의 시공간적 일치

『고딕건축과 스콜라철학』의 첫머리에서 파노프스키가 문제로 삼는 것은 역사학에 일반적인 '시대'(period)라는 개념이다. 역사학자들은 역사를 물리적 시간의 불가분한 연속이 아니라 서로 구별되는 특정 시대들의 이행 과정으로 이해하고 서술한다. 시간의 응시인 역사학을 군이 들먹이지 않아도, 시기나 시대처럼 시구간(時區間)을 표현하는 말을 우리가 일상적으로 사용하는 데에서 알 수 있듯, 인간 정신은 일반적으로 시간을 연속적인 것으로서 파악하기보다 단절적 관계로 파악하는 데 더 익숙하다. 그런데 역사가 단절된 연속, 정확히 말해 각자의 한계에 의해 서로 단절된 시대들의 연속이라면, 연속을 구성하는 단절된 시대들 각각의 통일성을 역사학자는 설명할 수 있어야 한다. 이 설명이 어떻게 가능할 것인지가 바로 파노프스키가 던지는 물음이다. 그의 잠정적 대답에 따르면, 시대의 통일성은 역사에 포함된 다양한 현상—예컨대 예술, 문학, 철학, 사회적 조류나 정치적 조류, 종교운동 등—사이에서 어떤 유비적 특징을 찾아냄으로써만 설명할 수 있다. 물론 이것은 쉬운 일이 아니다. 왜냐하면 보통 사람이 상이한 현상을 다루는 상이한 학문 영역에 동시에 정통하기도 어렵거니와 설사 유비성(analogy)을 발견한다 해도 시대적 통일성에 대한 종국적 설명은 그 유비성의 발생 원인을 파악했을 때 주어질 것이기 때문이다.

파노프스키는 역사학의 과제와 난점을 지적할 뿐, 그것을 정면에서 해결하려고 하지는 않는다. 다만, 중세로 논의 영역을 좁혀서 이 문화적 유비가 나타나는 한 사례를 조명하려 한다. 고딕건축과 스콜라철학이 바로 그 사례다. 양자 사이에 존재하는 유비의 내용이 밝혀질 때, 양자는 정당하게 '평행현상'(parallels)이라고 불릴 수 있을 것이다. 파노프스키는 유비성의 내용에 대한 본격적 설명을 잠시 미뤄두고, 먼저 두 문화 현상의 시공간적 일치라는 대단히 특기할 만한 사실을 그 유비성을 방증하는 일종의 예비적 논거로서 제시한다. 파노프스키의 말을 들어보자.

"그러나 모든 내적 유비를 접어두더라도, 시간과 공간이라는 순전한 사실 영역에서 고딕건축과 스콜라철학은 결코 우연이라고는 할 수 없을 뚜렷한 동시발생(concurrence)을 보여준다. 그 누구도 이 동시발생을 못 본 척 넘어갈 수는 없다. 그래서 중세철학사학자들이 자신의 연구 재료에서 시대를 구분하는 방식은, 그들이 여타의 고려 사항들에 영향을 받지 않았음에도, [중세]미술사학자들이 시대를 구분하는 방식과 똑같았던 것이다."[5]

파노프스키에 따르면, 이 동시발생은 네 단계로 진행된다. 첫째는 초기 스콜라철학과 초기 고딕 양식의 동시발생이다. 스콜라철학은 신앙과 이성의 조화라는 방법론적 원리를 기초로 하는데, 안셀무스(Anselmus Cantuariensis, 1033~1109)와 그의 스승 란프랑쿠스(Lanfrancus Cantuariensis, 1010~89), 그리고 길베르투스 포레타누스(Gilbertus Porretanus, 1075~1154)와 아벨라르두스(Petrus Abaelardus, 1079~1142)는 이 원리의 확립을 본격적으로 모색했다는 점에서 초기 스콜라철학의 주역으로 간주된다. 이들은 11~12세기 파리를 중심으로 활동했는데, 그 후 '프랑스 양식'(opus Francigenum)이라 불리며 각지로 퍼져나간 초기 고딕 양식이 쉬제(Sugerius de Sancto Dionysio, 1081년경~1151)에 의해 파리의 생-드니에서 출현한 것도 바로 같은 시기다.[6]

둘째, 전성기 스콜라철학과 전성기 고딕 양식 역시 발생 시기가 일치한다. 전성기 스콜라철학이 시작된 13세기 전환기는 전성기 고딕 양식의 첫 업적인 샤르트르 대성당과 수아송 대성당이 건축된 시기이기도 하다. 두 영역 모두 최고의 정점을 찍은 시기는 성왕 루이(루이 9세)의 재위 기간(1226~70)으로, 전성기 스콜라철학자들—알렉산더 할렌시스(Alexander Halensis, 1185년경~1245), 알베르투스 마그누스(Albertus Magnus, 1193/1206~1280), 윌리엄 오베르뉴(Guillelmus Alvernus, 1180/90~1249), 보나벤투라(Bonaventura, 1221~74), 토마스 아퀴나스—과 전성기 고딕건축가들—장 도르베(Jean d'Orbais, 1175년

5) 이 책의 72쪽 [2]
6) 이 책의 74쪽 [4]

「캔터베리의 대주교 성 안셀무스」,
17세기 판화

「수도원장 쉬제」, 생-드니 성당의
초기 스테인드글라스

수태고지 장면 아래 엎드려 있는 이가 쉬제다.

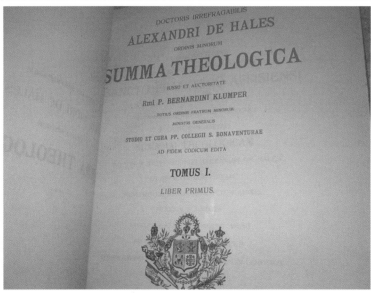

알렉산더 할렌시스의 『신학대전』
흔히 『알렉산더대전』(*Summa Alexanderi*)이라 통칭되는 이 저작은
사실 할렌시스의 제자들이 함께 편찬한 공동 저술이다.

경~1231), 장 르 루(Jean le Loup), 위그 리베르지에(Hugues Libergier, 1229~63), 피에르 드 몽테로(Pierre de Montereau, 1200년경~1266)— 의 활동이 이 시기에 집중되었다.[7]

　파노프스키가 환기시키는 바, 전성기 스콜라철학의 한 특징으로 간주되는 것이 바로 '대전'(Summa)이라 불리는 문헌 양식인데, 역사상 최초의 대전인 알렉산더 할렌시스의 『신학대전』(Summa Alexandri)[8]이 저술되기 시작한 1231년이 피에르 드 몽테로가 생-드니 성당의 새로운 네이브 건축에 착수한 해이기도 하다는 것은 의미심장한 사실이다. 파노프스키는 이러한 시기적 일치를 지적하는 데 그치지 않고, 전성기 스콜라철학과 전성기 고딕 양식의 상응하는 내용적 특징을 찾아냄으로써 일치의 양상을 구체적으로 설명하려 한다. 즉, 전성기 고딕의 대표적 건축물인 랭스, 아미앵, 스트라스부르, 나움부르크 대성당에서는 그 전에 찾아볼 수 없던 생생하게 살아 있는 듯한 동식물과 인물 조각상이 나타나는데, 이는 전성기 스콜라철학을 특징짓는 아리스토텔레스적 영혼론의 승리를 표현한다는 것이다.[9] 그 이전까지 대세를 이루었던 플라톤-아우구스티누스적 노선이 영혼을 신체에서 독립되어 있는 실체로 간주하는 경향이 강했다면, 아리스토텔레스주의는 영혼을 신체의 형상, 곧 신체 자체를 조직하고 통일하는 원리로 간주한다. 이에 따라 신체와 영혼의 합성인 생물체 자체가 명명백백한 의미에서 실체의 지위를 인정받게 되는데, 파노프스키의 통찰은 생물체에 대한 생생한 묘사와 재현의 열정이 바로 이러한 철학적 시각의 변화와 결부되어 있다는 것이다.

---

7) 이 책의 74, 75쪽 [5]. 76, 77쪽 [7].
8) 알렉산더 할렌시스는 프란치스코회가 최초로 배출한 대신학자인데, 흔히 『알렉산더대전』(Summa Alexandri)이라 불리는 이 책은 사실 그의 제자들이 스승의 이름을 걸고 함께 편찬한 작품이다.
9) 이 책의 75, 76쪽 [6].

세 번째 전개 과정상의 일치는 전성기 스콜라철학과 전성기 고딕 양식의 최종 단계(1270~14세기 초반)에서 발견된다. 파노프스키의 말을 정확히 소개하면, 보나벤투라와 토마스 아퀴나스가 서거한 1274년 이후 50~60년간이 "전성기 스콜라철학의 최종 단계"(the end phase of High Scholasticism)에 해당한다. 이 시기를 특징짓는 것은 지리적 탈중심화의 경향, 그리고 퇴조와 복고의 경향이다. "스콜라철학 이전의 아우구스티누스주의는 다른 무엇보다도 지성에 대한 의지의 독립성을 주장하면서, 토마스 아퀴나스에 대립하며 힘차게 되살아났고…… 그와 마찬가지로 '고전적' 성당 건축 유형 역시, 덜 체계적이고 종종 다소 소박하기까지 한 해결책에 의해 폐기되었다. 그리고 조형예술에서도 우리는 추상과 선형성을 추구하는 전(前) 고딕적 경향의 부활을 목격할 수 있다."[10] 파노프스키의 분석에 따르면, 이 시기에 스콜라철학과 고딕건축은 대략 각각 세 흐름으로 분화되는 양상을 보인다. 즉, 전성기 스콜라철학의 고전적 교의는 강단적 전통으로 굳어지거나—브루네토 라티니(Brunetto Latini, 1210년경~1294)의 경우처럼—대중적 문헌으로 세속화되거나—정묘한 박사(Doctor Subtilis) 스코투스의 경우처럼—인간 능력의 한계에 이르기까지 정밀화되며, 고전적인 전성기 고딕 양식 역시 교조화되거나 축소 또는 단순화되거나 세련 또는 복잡화되었다.[11]

이러한 경향은 14세기 초반까지 근본적 변화가 아니라 현존 체계의 점차적인 해체로서만 진행되었음에 비해, 14세기 중반 이후에 좀더 근본적인 이행 단계가 도래한다. 중세 문화 자체가 종언을 향해 가는 이 네 번째 시기에, 전성기 스콜라철학의 에너지는 단테나 페트라르카를 통해 시와 인문주의로 흘러들거나, 에크하르트(Meister Johannes Eckhart)를

---

10) 이 책의 78, 79쪽 [9].
11) 이 책의 79, 80쪽 [10].

랭스 대성당의
천사상(위)과 인물상

빈첸초 오노프리,
「알베르투스 마그누스」,
15세기 말

알베르투스 마그누스는 중
세 아리스토텔레스 수용에
결정적인 역할을 했다.

마이스터 에크하르트

도미니크회의 상징인 백합을
들고 있다. 전성기 스콜라철학
의 에너지 일부는 에크하르트
를 통해 반이성적 신비주의로
흘러갔다.

마이스터 프랑케,
「고통의 사람」, 1340년경

「이사야서」 53장을 모티브로
해 상처 입은 그리스도를 표
현한 「고통의 사람」(Man of
Sorrows, Schmerzensmann)은
중세 후기 성화의 대표적 갈래
가운데 하나다.

통해 반이성적 신비주의로 흘러들어 갔으며, 엄격한 의미의 스콜라철학으로 남아 있는 한에서는—'현대적 길'(via moderna)이라고 불리는—유명론적 경향으로 나아갔다.12)

파노프스키는 서로 무관한 양극단인 것처럼 보이는 신비주의와 유명론이 사실은 주관주의라는 한 경향의 동전의 양면과 같다고 지적하면서,13) 이러한 철학적 주관주의에 상응하여 등장하는 예술 현상이 원근법적 공간 해석이라고 진단한다. 또한 그는 후기 고딕예술에서 나타나는 초상화, 풍경화, 실내화의 장르적 특성을 철학적 유명론의 정신과 연결시키고, 이 시기의 성화(Andachtsbilder)를 신비주의와 연결시킨다. "초상화, 풍경화, 실내화가 응시자로 하여금 신의 창조가 지닌 한없는 다양성과 무제약성을 의식하게 함으로써 무한성의 감각을 일으키는 데 비해, 성화는 응시자로 하여금 창조자의 무한성에 자신의 존재를 침잠하게 만듦으로써 무한성의 감각을 일으킨다."14)

이러한 후기 고딕예술의 복잡다기한 경향은 마침내 14세기 플랑드르 화파로 융합된다. 그리고 이는 유명론과 신비주의가 니콜라우스 쿠자누스(Nicolaus Cusanus, 1401~64)의 철학에서 융합되는 것과 마찬가지다.15)

---

12) 이 책의 80, 81쪽 [11].
13) 이 책의 82, 83쪽 [14].
14) 이 책의 84, 85쪽 [17].
15) *Ibid.*

스콜라철학과 고딕건축의 동시발생성

초기 스콜라철학(11~12세기)	초기 고딕 양식
란프랑쿠스 안셀무스 길베르투스 포레타누스 아벨라르두스	생-드니 수도원장 쉬제 프랑스 양식
전성기 스콜라철학(1200~1270)	**전성기 고딕 양식**
알렉산더 할렌시스 알베르투스 마그누스 보나벤투라 토마스 아퀴나스	장 르 루 장 도르베 로베르 드 뤼자르슈 위그 리베르지에 피에르 드 몽테로
아리스토텔레스적 영혼론 알렉산더대전(1231년 저술 시작)	랭스, 아미앵, 스트라스부르, 나움부르크 대성당의 살아 있는 듯한 인물상과 자연스러운 동식물 장식 피에르 드 몽테로에 의한 생-드니 성당의 새로운 네이브 건설(1231년 착수)
전성기 스콜라철학의 퇴조기 **(1270~14세기 초반)**	**전성기 고딕 양식의 퇴조기**
이성의 종합 능력에 대한 토마스적 신뢰가 퇴조 주의주의적 아우구스티누스주의 재득세 강단적 전통으로 굳어지거나 대중적 문헌으로 세속화 인간 능력의 한계치에 이르기까지 정밀화 (둔스 스코투스)	탈중심화(프랑스 남부, 이탈리아, 독일권, 잉글랜드로 이행) 추상과 선형성을 추구하는 전 고딕적 경향의 부분적 부활 교조화 또는 축소/단순화 세련화/복잡화

이행기(14세기 중반 이후)	해체기
시와 인문주의(페트라르카) 반이성적 신비주의(마이스터 에크하르트) 유명론(페트루스 아우레올루스, 윌리엄 오캄) → 주관주의, 개체주의 서로 반대되는 극단으로 보이는 두 경향은 종 국에 융합(니콜라우스 쿠자누스)	원근법적 공간 해석 등장(주관주의) 초상화, 풍경화, 실내화(개체주의) 성화(신비주의) 14세기 플랑드르 화파로 융합

평행관계 형성의 인과적 구조

중세철학과 중세예술의 상응하는 전개 과정에 대한 파노프스키의 서술이 인상 깊기는 하지만, 그가 언급하듯이 진정으로 중요한 과제는 평행적 유비성을 단지 서술하는 것이 아니라 평행관계의 발생 원인을 해명하는 것이다. 이 어려운 과제를 수행하기 위해, 그는 연구의 초점을 다시 한 번 좁혀서 더 제한된 시공간 범위에서 양자의 관계를 따져볼 것을 제안한다. 먼저 그의 말을 들어보자.

"이 놀랄 만큼 동시적인 발전 과정이 '집중된' 시기, 곧 1130~40년 경부터 1270년경까지의 시기에 우리는 고딕예술과 스콜라철학 사이에서 단순한 '평행현상'보다 더 구체적인 연결, 그리고 화가나 조각가나 건축가에게 학식 있는 조언자가 주는 개별적인 (그리고 매우 중요한) '영향들'보다 더 전면적인 연결을 목격할 수 있다. 내가 말하는 이 연결은, 단순한 평행(parallelism)과는 다른 본래적 의미의 원인-결과 관계(cause and effect relation)이다. 그런데 이 원인-결과 관계는 직접적 충격보다는 오히려 확산에 의해 생겨난다는 점에서 개별적 영향과 대비된다. 이런 관계는, 더 나은 용어를 찾을 수 없는 궁여지책의 표현이긴 하지만, 일종의 심적 습성(mental habit)이라고 일컬을 수 있는 어떤 것이 퍼져나감으로써 생겨난다."16)

　"습성을 형성하는 여러 요인 중에서 한 가지 요인을 끄집어 내고 그 전파 경로를 그려 낸다는 것은 흔히 쉽지 않으며 또는 아예 불가능하다. 그렇지만 1130~40년경부터 1270년경까지의 '파리 주변 반경 100마일 지역'은 예외다."17)

　이 인용문에서 드러난바, 파노프스키는 평행현상에 두 가지 경우가 있다고 생각한다. 즉, 평행을 이루는 두 현상 간에 뚜렷한 인과관계가 관찰되지 않는 경우── 단순한 평행(mere parallelism)──가 있고, 인과관계가 관찰되는 경우가 있다. 그런데 상이한 문화적 현상 간에 인과관계가 성립한다는 것은 한 현상으로부터 다른 현상으로 심적 습성이 확산됨을 의미한다. 따라서 문화적 평행을 단순히 기술하는 것이 아니라 설명하는 과제는, 심적 습성의 발생 요인과 확산 과정을 해명함으로써 수행할 수 있다. 파노프스키는 이러한 해명이 언제나 가능한 것은 아니지만, 아니 오히려 가능하지 않은 경우가 대부분이지만, 제한된 역사적 시공간 속에서 가능한 경우도 있다고 생각한다. 1130~40년부터 성왕 루이가 서거한 1270년까지 파리 주변 반경 100마일 지역──이 범위 안에 위치한 주요 도시는 랭스, 아미앵, 샤르트르, 보베, 오세르, 루앙 등이다──의 스콜라철학과 고딕건축이 그런 사례다.
　자, 그렇다면 파노프스키는 자신이 '1130~40년경부터 1270년경까지의 파리 주변 반경 100마일 지역'에 예외적으로 주목하는 이유를 밝혀야

---

16) 이 책의 86, 87쪽 [18].
17) 이 책의 87, 88쪽 [19].

한다. 그가 '그때 그곳의' 스콜라철학—초기와 전성기 스콜라철학[18]—
과 고딕건축 사이에 인과관계가 존재한다고 판단하는 까닭은 무엇일
까? 우리가 텍스트에서 읽어낼 수 있는바, 일단 그의 판단은 순수한 역
사적 사실에 대한 관찰에 기초한다. 당시 건축가와 학자들이 다양한 방
식으로 정신적 연결을 맺고 있었다는 사실, 그것이 파노프스키가 제시하
는 인과관계의 일차적 증거다. 이 미술사학자에 따르면, 당시 건축가들
은 비록 스콜라철학자들의 원전을 직접 읽지는 않았더라도 적어도 전례
적(liturgical) 기획과 도상학적 기획에서 그들과 긴밀히 협력했다. 또한
그들은 스콜라철학자들이 가르치는 학교를 다녔고, 그들의 설교를 들었
으며, 그들의 자유토론(disputatio quodlibet)에 참석했다.[19] 당시 사회체
제는 도시적 전문직 체제로 급속히 변화하고 있었으나 아직 후대의 길
드 같은 폐쇄성이 없었기에 "사제와 평신도, 시인과 법률가, 학자와 예술
가가 거의 대등한 지위에서 함께 모일 수 있는 만남의 장"을 제공했다.[20]
전성기 고딕건축의 주역이었던 직업적 건축가들은 바로 이런 환경에서
등장했으니, 이들은 자신들처럼 도시에 거주하는 스콜라철학자들과 다
를 바 없이 지식인으로 대우받으며 사회적 존경을 얻었다.[21]

위대한 스콜라철학자들에게 주어지던 박사의 별칭을 얻어 '석공박
사'(Doctor Lathomorum)라고 불린 피에르 드 몽테로, 그리고 자신이 건
축한 생-니케즈(St. Nicaise) 대성당의 지하 묘지에 주교 그리고 귀족들
과 나란히 안장되는 전무후무한 영광을 누린 위그 리베르지에가 그 대

---

18) 앞에서 보았듯이, 파노프스키는 자신이 1130~40년경부터 1270년경까지라고 지
    정한 시기의 스콜라철학을 초기와 전성기 스콜라철학이라 부른다. 물론 통상적인
    철학사 서술에서 초기 스콜라철학은 더 앞선 시기(9세기~11/12세기)를 가리킨다.
19) 이 책의 88, 89쪽 [20].
20) *Ibid*.
21) 이 책의 89, 90쪽 [21].

표적인 예다.

파노프스키의 관찰은 생생할 뿐 아니라 정확하다. 그런데 이러한 정신적 연결과 교류에 관한 역사적 자료는 인과관계의 조건 또는 정황에 대한 설명은 될 수 있지만 인과관계의 내용에 대한 설명은 될 수 없다. 도대체 초기와 전성기 스콜라철학자들은 건축가들에게 '어떤' 정신적 영향을 주었는가? 인과관계를 밝힘으로써 평행의 발생을 설명한다는 것, 또는 평행관계 형성의 인과적 구조를 설명한다는 것은, 외적 사실 자료의 증빙을 넘어서는 정신적 영향의 내용에 관한 해석을 요구할 수밖에 없다. 이 해석은 파노프스키가 인과의 매개로 상정한 심적 습성이 과연 어떤 심적 습성인지를 밝혀내는 작업을 의미한다. 그런데 이에 대한 논의로 나아가기 전에, 우리가 먼저 확인해야 할 것이 있다. 그것은 심적 습성이 표출되는 방식에 대한 파노프스키의 언급이다.

"초기와 전성기 스콜라철학에서 야기된 심적 습성이 초기와 전성기 고딕건축의 형성에 어떤 방식으로 영향을 주었는가 하는 질문을 던진다면, 우리는 교의(敎義)의 개념적 내용은 일단 제쳐두고 교의의—스콜라철학자들 자신의 용어를 빌려 말하자면—작용 방식(modus operandi)에 집중하는 것이 좋을 것이다. 영혼-신체의 관계나 보편자와 개별자 같은 문제에서 나타나는 변화하는 원리는 당연히 건축보다는 재현적 예술에 더 많이 반영되었다. 물론 건축가는 조각가, 유리채색사, 목각사 등과 긴밀한 접촉을 유지하며 살아갔다. 건축가는 어디를 가든지 그들의 작품을 공부했고…… 자신의 일을 할 때 그들을 고용하고 감독했다. 또한 건축가는, 우리가 기억하듯이 오로지 조언자 역할의 스콜라철학자들과 긴밀하게 공조함으로써만 수행할 수 있었던 자신들의 도상학적 기획을 그들에게 전파해주었다. 그러나 이 모든 과정에서, 건축가는 당시 사상의 실체를 적용했다기보다는 그것을 소

중세 대학의 수업 장면

중세의 건축 현장

피에르 드 몽테로(위)와 랭스 대성당에 있는 위그 리베르지에의 묘지 석판

화하여 전달했다. '건물 재료를 잘 다루지는 못하지만 건물 형태를 고 안하는 자'인 건축가가—직접 그리고 건축가로서(*qua*)—적용할 수 있었던 것 그리고 실제로 적용했던 것은 [사상의 실체가 아니라] 바로 독특한 진행 방식(method of procedure)이었다. 그리고 이 독특한 진 행 방식이야말로, 평신도의 정신이 스콜라철학자의 정신을 만날 때마 다 스콜라철학자의 정신으로부터 각인 받는 첫 번째 인상이었음에 틀 림없다."[22]

파노프스키가 말하려는 핵심은, 스콜라철학의 심적 습성이 교의의 내 용이 아니라 교의의 작용 방식에서 드러난다는 것이다. 그는 특정 철학, 사상, 종교의 심적 습성이 그것들의 의식적 자기주장으로서의 교의 안에 직접적으로 기록된다고 보지 않는다. 비유적으로 말하자면, 나의 '심적 습성'을 파악하기 위해서 그대는 내가 의식적으로 언술하는 나의 관념 (생각)들이 아니라 차라리 내가 그 관념에 도달하기까지 거친—예컨대 반복적 회의, 단호한 직관, 철저한 변증 등과 같은—사고의 절차와 그 관념을 나타내는 언술 방식—예컨대 무의식적으로 사용하는 정치적이 거나 종교적인 용어, 건조한 문체, 잠언 식의 표현 등과 같은—에 주목 하는 것이 옳다. 내 관념의 기록과 내 습성의 기록, 그것은 물론 전혀 무 관한 것이라고 말해서는 안 되겠지만, 서로 직접 관련되어 있지 않은, 분 명히 구별되는 것들이다. 요컨대 습성은 관념 '으로서' 기록되는 것 또는 관념 '안에' 기록되는 것이 아니라, 관념 '으로써' 기록되는 것 또는 관념 '위에' 기록되는 것이다.[23]

그러므로 의식을 구성하는 관념의 내용을 분석하는 것이 아니라 의 식과 무의식 어느 한쪽에 갇히지 않고 관념의 움직임—관념이 어떤 방

---

22) 이 책의 91, 92쪽 [22].

식으로 선택되고 산출되는지, 관념이 어떤 방식으로 표현되고 작동하는지—을 폭넓게 살펴보는 것이 중요하다. 위 인용문에서 파노프스키가 스콜라철학자들이 가르치는 바(교의의 내용) 그 자체가 아니라 그들이 자신이 가르치는 바를 생각해내는 방식과 가르치는 방식(작용 방식)을 조회해야 한다고 주장하는 까닭은 바로 이 때문이다. 그런 점에서 파노프스키의 스콜라철학 해석이 교의와 이론 자체의 의미 해명에 집중하는 일반적 철학사학자의 열정과 상이한 관심에 입각해 있다는 것은 분명하다. 관념과 이론의 근원이 관념과 이론 외부에 있다는 것, 그것이 미술사가로 불리는 이 학자의 확신이다. 도상이나 작품의 근원 또한 마찬가지이거니와, 이론이든 작품이든 어떤 정신적 산물의 본질적(intrinsic) 의미를 이해한다는 것은 그 대상 안에 들어와 있는 밖(의 근원)을 탐지해낸다는 것과 다르지 않다. 파노프스키가 들고 나온 심적 습성과 평행 개념은 말하자면 바로 그 밖의 근원을 가리키기 위한 개념인 것이다.

스콜라철학의 존재 이유와 명료화의 원리

스콜라철학의 심적 습성이 교의의 작용 방식에서 드러난다면, 그 작용 방식, 즉 고딕건축가가 스콜라철학자를 따라 적용했던 그 작용 방식은 구체적으로 어떤 것이었을까? 파노프스키는 이 질문에 답하기 위해

---

23) 1932년 논문과『시각예술의 의미』를 분석하면 알 수 있는 바, 파노프스키는 예술 작품을 이중적 기록으로 이해하고 있었다. 예술 작품은 일차적으로는 작가가 의도하는 관념의 기록이지만, 직접적으로 기록되는 그 관념이 그런 방식으로 기록되도록 한 어떤 원리, 곧 어떤 '통일적인 세계관적 의미' 또는 '세계에 대한 근본적인 태도'의 기록이기도 하다. 간접적이지만 근본적인 이 두 번째 의미의 기록, 그것을『고딕건축과 스콜라철학』의 개념을 써서 표현하면 심적 습성의 기록 또는 작용 방식의 기록이라고 말할 수 있다. 이에 대해서는 이 책의 에필로그로 실은 옮긴이의 논문을 읽어보라.

서는 초기와 전성기 스콜라철학의 존재 이유를 검토해야 한다고 말한다. 스콜라철학의 공리에 나오는바, 작용은 존재를 따르므로(agere sequitur esse), 스콜라철학의 작용 방식을 이해하기 위해서는 먼저 그것의 존재 이유(raison d'être)를 이해해야 할 것이기 때문이다.[24]

파노프스키는 초기와 전성기 스콜라철학의 존재 이유가 '그들의 선행자들이 아직 명확하게 구상하지 못했던 과업, 그리고 후계자들, 곧 신비주의자들과 유명론자들이 아쉽게도 포기하고 말았던 과업'을 이루는 것, 곧 '신앙과 이성의 항구적인 평화조약'(permanent peace treaty)을 체결하는 것이었다고 파악한다.[25]

파노프스키뿐 아니라 철학사를 알고 있는 모두가 동의하듯이, 이 평화조약에서 이성의 역할은 당연히 신앙의 진술을 입증하는 것(probare)이 아니라 명백하게 만드는 것(manifestare)이었다. 그리스도교 계시신학의 학문론적 지위를 다루는 『신학대전』 제1부 제1문에서 토마스 아퀴나스는 이 점을 분명하게 밝힌다.

"거룩한 가르침은 [계시뿐 아니라] 인간의 이성을 사용하되, 신앙을 증명하기 위해서가 아니라 그 가르침 안에서 진술되는 모든 것을 명백하게 밝히기 위해서 그렇게 한다. 은총은 자연을 제거하지 않고 오히려 완성하므로, 자연적 이성은 신앙에 조력해야 한다. 마치 의지의 자연적 경향이 사랑에 복종해야 하는 것처럼."[26]

---

24) 이 책의 92, 93쪽 [23].

25) *Ibid.*

26) S. Th., I, q.1, a.8, ad 2. "Utitur tamen sacra doctrina etiam ratione humana, non quidem ad probandum fidem, quia per hoc tolleretur meritum fidei; sed ad manifestandum aliqua alia quae traduntur in hac doctrina. Cum enim gratia non tollat naturam, sed perficiat, oportet quod naturalis ratio subserviat fidei; sicut et naturalis inclinatio voluntatis obsequitur caritati."; 이 책의 92, 93쪽 [23].

신앙을 '명백하게 해줌'(manifestation) 또는 신앙의 '명료화'(clarification)라고 표현될 수 있는 이성의 역할을 파노프스키는 다음 세 가지로 정리한다. 첫째, 신은 존재한다든가 신은 유일하다는 식의 '신앙의 서문'(praeambula fidei)에 해당하는 지식들에 한해서, 인간의 이성은 적극적 증명을 시도할 수 있다. 둘째, 인간 이성은 신앙의 조항에 제기되는 반론들에 맞서 방어적 논변을 펼 수 있다. 즉, 신이 인간으로 육화되었다든가 신의 본질은 하나지만 신의 위격은 셋이라는 등의 신앙 조항에 관해서는, 적극적 증명은 불가능해도 적어도 그것을 부정하는 명제가 필연적 참이 될 수는 없다는 것은 보일 수 있다. 셋째, 인간 이성은 그 자체로는 이성적 접근이 불가능한 신앙의 신비를 적절한 유비를 통해 설명할 수 있다.[27]

그런데 파노프스키가 '초기와 전성기 스콜라철학의 첫 번째 규제 원리'(first controlling principle)라고 부르는 이 명료화는 단순히 사유 대상뿐 아니라 사유 과정 자체를 명백하게 만들려는 열정을 의미한다. 그의 말을 들어보자. "이 원리가 가능한 최고도의 수준——이성에 의한 신앙의 해명——에서 작용하기 위해서, 그 원리는 이성 그 자체에 적용되어야 했다. 만일 계시의 영역과 분리되어 자기 한계 안에서 완결적이고 자기 충족적인 사유 체계에 의해 신앙이 '명백해져야' 한다면, 우선 사유 체계 자체의 완결성, 자기 충족성, 한계가 '명백해져야' 한다."[28]

이 점을 관찰하기 위해서 파노프스키는 문헌 서술의 도식(a schema of literary presentation)에 주목한다. 그에 따르면, '총체성(충분한 나열), 체계적 배열(충분한 분절), 판명성(distinctiness)과 연역적 설득력(충분한 상호 연관성)' 같은 스콜라철학의 문헌 양식상의 특징은 바로 이 명

---

27) 이 책의 93, 94쪽 [24] 참조.
28) 이 책의 94, 95쪽 [25].

토마스 아퀴나스의 『신학대전』 1475년 베니스에서 간행된 판본이다.
파노프스키는 토마스 아퀴나스의 『신학대전』에서 심적 습성이라는 개념을 도입했다.

료화의 습성을 표현한다는 것이다.[29]

다시 말하지만, 문헌 양식에서 드러나는 이러한 명료성이 단순히 그 문헌에 담긴 사상의 명료성 이상의 것을 표현한다는 점은 의심의 여지가 없다. "추론이 신앙의 본성 그 자체를 지성에게 해명한다는 사태와 똑같이, 문헌 서술은 추론의 과정을 독자의 상상력(imagination)에 해명해 주려 한다."[30]

그러므로 파노프스키가 강조한바, 초기와 전성기 스콜라철학의 특별함은 사상 자체의 명료성이 아니라 명료성에 대한 무의식적 강박에 있다고 보아야 한다. 즉, 스콜라철학 문헌 양식—특히 '대전'의 양식—의 특징이 의미하는 바는 "플라톤이나 아리스토텔레스보다 스콜라철학자들이 더 정연하게, 그리고 더 논리적으로 사유했다는 것이 아니다. 이것이 의미하는 바는, 플라톤이나 아리스토텔레스와 달리 스콜라철학자들이 자기 사유의 정연함과 논리에 타인도 잘 알 수 있는 명료성을 부여해야 한다는 압박감을 느꼈다는 사실이다. 그리고 그들 사유의 방향과 범위를 규정했던 명백하게 함(manifestatio)의 원리가 사실은 사유의 해설 방식도 규제했으며 그 해설 방식을 '명료화를 위한 명료화의 요청'(postulate of clarification for clarification's sake)이라 부를 수 있는 태도에 종속시켰다는 사실이다."[31]

스콜라철학은 바로 이러한 명료화의 심적 습성—더 정확히 표현하자면 '명료화를 위한 명료화'의 심적 습성—을 여타의 문화적 현상에 전이시켰다. 문학에서 나타나는 체계적 장절(章節) 구분과 활음조(滑音調)를 중시하는 경향, 음악에서 나타나는 정량기보법이 그 단적인 예

---

29) 이 책의 94, 95쪽 [25].
30) *Ibid.*
31) 이 책의 97쪽 [28].

다.[32] 그리고 바로 이 시기부터 재현적 미술에서는 서사적 맥락이 명료화되는 경향이 나타난다. 전성기 고딕성당 현관 팀파눔의 「최후의 심판」 도상과 1250년 전후의 일련의 세밀화에서 그것을 알 수 있다.[33] 한편 이 텍스트의 논의의 중심인 건축 영역을 보면, 이 시기부터 기능적 맥락들이 명료화되는 경향이 나타난다. 파노프스키는 이 경향을 보여주는 전성기 고딕 대성당의 건축 기법상의 특징을 세 가지로 요약한다. 첫째는 전체성(totality)이다. 즉, "전성기 고딕 대성당은 모든 것에 제자리를 찾아주고 제자리를 더 이상 찾을 수 없는 것을 억누름으로써 자신의 형상 안에 그리스도교의 신학적, 도덕적, 자연적, 역사적 지식 전체를 구현하고자 했다."[34] 둘째는 부분 간의 상동성(homology)이다. 즉, "삼분식(三分式) 네이브와 비분할 트랜셉트 사이, 또는 오분식(五分式) 네이브와 삼분식 트랜셉트 사이에 존재하던 통상적인 대비 대신에, 네이브와 트랜셉트 모두에서 삼분식 형태가 나타난다. 그리고 높은 네이브 베이[천장 아래]와 측면 아일 베이의 상이성 대신에, 하나의 리브 볼트를 지닌 중앙 베이가 하나의 리브 볼트를 지닌 양측 아일 베이와 연결되어 있는 통일적 벽간 공간(travée)이 나타난다."[35] 이러한 상동성은 건축물을 구성하는 부분들의 점진적 가분할성(可分割性, divisibility) 또는 세분화(fractionization)라는 특징을 낳는다. 셋째는 상호적 추론 가능성(mutual inferability)이다. "후기 고딕 양식이 유장한 이행과 상호 침투를 허용하고 심지어는 즐기기까지 하며, 또한—예컨대 천장을 과도하게 세부적으로 조직하고 받침기둥을 과도하게 단순 조직함으로써—상관관계의 법칙에 저항하기를 좋아했던 데 비해, 고전적인 [전성기 고딕] 양식은

---

32) 이 책의 100~103쪽 [30~32].
33) 이 책의 103~105쪽 [33~34].
34) 이 책의 106, 107쪽 [36].
35) 이 책의 107, 108쪽 [37].

오텡의 팀파눔(위)과 아미앵의 팀파눔

스콜라철학은 명료화의 심적 습성을 여타의 문화적 현상에 전이시켰다.
아미앵의 팀파눔에 나타나는 「최후의 심판」 도상이 그 대표적 사례다.

우리에게 단순히 외부에서 내부를 추론하거나 중앙 네이브의 형태에서 측면 아일의 형태를 추론할 수 있어야 한다고 요구할 뿐 아니라, 말하자면 피어 하나의 단면도에서 전체 체계의 구조를 추론해낼 수 있어야 한다고 요구한다."[36]

일치의 원리와 변증론으로서의 건축

초기와 전성기 스콜라철학의 존재 이유 ─ 신앙과 이성의 평화조약 ─ 를 따르는 작용 방식에는 '명료화'만 있는 것이 아니다. 파노프스키는 고딕건축 양식이 전성기에 이를 때까지 거친 '집중적인 발전 과정'이 직선적 과정이 아니라 후퇴와 전진을 반복하는 '도약적 진행'(jumping procession) 과정이었다고 평가하면서, 이러한 현상이 초기와 전성기 스콜라철학의 두 번째 규제 원리, 곧 '일치'(concordantia)의 원리와 밀접한 관련이 있다고 해석한다.[37]

그가 말하는 일치의 원리란 무엇일까? 일치는 중세의 신학이 승인했던 다양한 권위 사이에 잠재적 갈등이 내포되어 있다는 사실을 전제로 한다. 즉, 일치란 권위들을 무조건 받아들이는 것이 아니라 권위들 사이에 잠재된 갈등을 의식하고 적극적 해석과 재해석의 과정을 거쳐 이성적으로 충분히 동의할 수 있는 화해를 이끌어내는 것을 의미한다. 그러한 작업이 이미 오랜 신학적 사변의 전통 속에서 수행되어온 것은 물론이지만, 그것이 방법론적 원리의 차원에서 명시적 과제로서 제기된 것은 아벨라르두스의 『찬반논변집』(Sic et non)에서다. 그 책에서 갈리아의 논리학자는 여러 권위가 상호 불일치하는 것처럼 보이는 신학적 논제 158

---

36) 이 책의 110쪽 [40].
37) 이 책의 120~123쪽 [49~52].

가지를 찾아내 정리하면서, 권위들 사이의 "차이와 모순"을 대담하게 노출시킴으로써 "진리를 향해 더 열정적으로 탐구하도록 독자들을 자극"하려 한다.[38] 다른 모든 선도 그렇지만 특히 진리는 '좋은 게 좋은 거지'하고 중얼거리는 정신의 안일함과 손톱만큼도 상관이 없다. 그가 보기에, 차이와 모순을 직시하는 것은 확실한 진리에 도달하기 위해 한번은 돌파해야 하는 위험이다. 권위가 보증하는 진리의 확실성은, 권위가 내포한 불일치를 인지하지 못하거나 덮어둔 상태에서 권위에 동의하는 것으로써는 얻어지지 않기 때문이다.

결코 '불순'하지는 않지만 용이하지도 않은 이 탐구의 도전을 위해 아벨라르두스가 갖고 있던 무기는 바로 변증론이라 불리는 기술이었다. 그리고 "겉보기에 화해 불가능한 것들을 화해시키는 이 기술, 아리스토텔레스의 논리학을 수용함으로써 예술의 경지에 도달한 바로 이 기술"은 자유토론을 비롯한 모든 스콜라적 교육 방식과 스콜라철학 문헌 자체의 논증 방식을 결정짓는 요인이 된다.[39] 그러므로 스콜라철학 문헌에 나오는 전형적인 대론[videtur quod]과 반론[sed contra], 대답[respondeo dicendum], 대론의 해결이라는 논증 방식—그리고 그에 상응하는 교육 방식—이야말로 초기와 전성기 스콜라철학을 규제하는 일치라는 원리의 뚜렷한 증표다.[40] 파노프스키에 따르면 "이러한 원리들이 무조건적 명료화라는 습성 못지않게 결정적이고 포괄적인 심적 습성을 형성할 수밖에 없었"[41]으니, 전성기 고딕건축가들에게서도 바로 동일한 태도가 관찰된다.

---

38) 이 책의 123, 124쪽 [53]; *Patrologia Latina*, vol.178, cols.1339 이하. 36] 이 책의 120~123쪽 [49~52].

39) 이 책의 125, 126쪽 [54, 55].

40) *Ibid.*

아벨라르두스(위)와 성 베르나르두스
이 둘은 똑같이 진리에 대한 사랑으로 불탔으나 서로에게는 평생의 논적이었다.

"이 건축가들에게 과거의 위대한 구조물들은 스콜라철학자들에게 교부들이 지녔던 권위(auctoritas)와 매우 유사한 권위를 지니고 있었다. 만일 공히 권위에 의해 승인된 두 모티프가 모순되는 것처럼 보인다면, 단순히 둘 중 하나를 위해 다른 하나를 기각해버리는 것이 아니라 그 둘을 극한에 닿을 때까지 연구하여 마침내 화해를 시켜야만 했다. 예컨대 성 아우구스티누스의 말씀은 성 암브로시우스의 말씀과 궁극적으로는 화해를 이루어야 했던 것이다. 그리고 바로 이것이, 겉보기에는 일정하지 않으나 사실 대단히 일관적인 초기와 전성기 고딕건축의 전개 과정을 어느 정도 설명해준다는 것이 내 생각이다. 고딕건축 역시 '~라고 생각된다'(videtur quod)―'그러나 반대로'(sed contra)―'나는 다음과 같이 말해야 한다고 답한다'(respondeo dicendum)의 도식적 틀에 따라 진행되었던 것이다."[42]

파노프스키는 일치라는 심적 습성 아래 진행된 고딕건축의 변증론적 발전 과정을 크게 세 가지 자료를 통해 입증하려 한다. 첫째는 대성당 서쪽 파사드의 장미창이다. 서쪽 현관 위에 위치하는 원형의 장미창은 사람들이 전성기 고딕 대성당 건축에서 가장 매혹적인 요소로 꼽는 것 중의 하나인데, 그것은 대수도원장 쉬제가 건축한 생-드니 대성당(1140)에서 처음 나타난다. 그 전까지 초기 고딕 성당의 서쪽 현관 위에는 아치형 창이 있었는데, 쉬제는 생-드니를 건축하며 전통적인 아치형 창 위에 장미창을 올려놓는 초유의 시도를 한다. 파노프스키는 그것을 전통

---

41) 이 책의 126쪽 [56]. 일치라는 심적 습성이 권위의 갈등을 직시하고자 하는 까닭은 권위를 지극히 존중하기 때문이다. 따라서 권위에 대한 태도가 변하면 이러한 심적 습성 역시 엄밀한 의미에서 더 이상 존재할 수 없다. 그래서 파노프스키는 오캄이 "아리스토텔레스가 어떻게 생각했든 나는 개의치 않는다"라고 말했을 때 새로운 시대의 숨결이 느껴지기 시작한다고 말하는 것이다(Ibid.).
42) 이 책의 127쪽 [57].

적인 아치형 창이라는 긍정(sic; videtur quod) 위에 나타난 웅장한 부정 (non; sed contra)이라고 해석한다.[43] 그런데 장미창은 그 자체로는 아름답지만, 대성당의 치밀한 전체 구조 안에 이 독립적인 원형의 단위를 조화롭게 편입시키는 것은 시각적으로도 건축 기술적으로도 결코 쉽지 않은 문제였다. 이 문제를 해결하기 위해 노트르담(Notre Dame), 망트(Mantes), 랑(Laon), 아미앵(Amiens)에서 다양한 시도가 이루어지는데,[44] 최종적 해결(respondeo dicendum)이 생-니케즈에서 나타난다는 것이 파노프스키의 해석이다. 위그 리베르지에가 건축한 이 성당에서 장미창은 거대한 아치 안에 통합된다. 이로써 창의 기능과 장미 형태의 고유한 시각적 특징은 서로를 침해하지 않고 온전히 보존되며, 파사드의 전체적 배치가 네이브의 십자 부분을 반영하는 고딕건축의 이상도 비교적 충실히 실현될 수 있게 되었다. 이것은 아치형 창과 장미창이라는 두 건축적 요소의 긴장이 완전히 해소됨을 의미한다.[45]

고딕건축의 변증론적 발전 과정을 보여주는 또 하나의 자료는 대성당 양 측면 채광창 하부 벽면의 조직 원리다. 로마네스크 이래 채광창 아래 벽면은 이차원적 평면과 수평적 연속성이 강조되기도 하고 깊이와 수직적 분절이 강조되기도 했다. 이 두 가지 유형은 1170년경 누아용 대성당에 트리포리움이 등장하면서 처음으로 종합되는데, 전성기 고딕 양식이 시작되는 샤르트르와 수아송 대성당에서 트리포리움은 완벽하게 균등한 소원주들이 완벽하게 균등한 간격을 유지하면서 이어지는 수평주의로 굳어지게 된다.[46] 파노프스키는 이 긍정에 맞서는 부정, 곧 수평주의에 대한 반작용이 랭스와 아미앵에서 나타난다고 본다. 여기서는 중앙

---

43) 이 책의 128쪽 [59].
44) 이 책의 129, 130쪽 [60, 61].
45) 이 책의 130쪽 [62].
46) 이 책의 131, 132쪽[63, 64].

소원주의 지름 또는 형태의 수평적 통일성보다 상부 채광창 창틀과의 연속성이 부각되는 뚜렷한 수직주의가 나타난다.[47] 이에 비해 피에르 드 몽테로가 만든 생-드니의 트리포리움은 또 다른 새로운 구조를 보여준다. 즉, 동일한 종류의 요소들(소원주를 대체한 다발형 피어)에 의해 분할되는 균등한 개구부가 수평적으로 반복되는 동시에, 피어들 각자가 나름의 방식으로 상부 채광창의 창틀과 연결됨으로써 수직적 연속성 역시 부각되는 것이다. 파노프스키는 바로 이것이 수직주의와 수평주의의 화해, 즉 최종적 해결에 해당한다고 해석한다.[48]

파노프스키가 분석하는 마지막 자료는 네이브 피어의 형태다. 전성기 고딕 대성당의 한 특징은 '필리에 캉토네'(pilier cantonné)라고 불리는 네이브 피어다. 샤르트르에서 처음 나타난 이 기둥 양식은 그 전의 복합 피어(compound pier, 다발형 기둥)가 발전된 것으로서, 원통형 중심주(코어 기둥)에 여러 소원주(대응 기둥)가 결합되어 있고 각각은 끝에 주두를 가지고 있어 전체적으로 네이브 벽면과의 분절이 두드러지게 된다.[49] 이 분절에 의해 네이브 피어는 기둥으로서의 정체성을 확보하게 되지만, 주두 위에서 시작되어 볼트에 닿는 셋 또는 다섯 벽 주신(wall shaft)과 소원주들 사이의 시각적 연결, 특히 측면 아일이나 이웃 피어를 향하지 않고 네이브를 향하는 소원주—이것을 파노프스키는 네이브 소원주(nave colonnette)라고 부른다[50]—와 중앙 벽 주신의 연결을 어떻게 처리할 것인가라는 골치 아픈 문제가 제기된다. 샤르트르는 네이브 소원주의 주두를 생략함으로써 이 문제를 해결하려 하고, 아미앵과 랭스도 샤르트르의 해결에 약간의 변칙을 가해 이 문제를 해결하려 한다. 이

47) 이 책의 132, 133쪽 [65, 66].
48) 이 책의 133, 134쪽 [67].
49) 이 책의 134, 135쪽 [68].
50) 이 책의 136, 137쪽 [71].

왼쪽 위부터 시계 방향으로
장미창 출현 이전의 초기 고딕 성당(누아용),
생-니케즈의 서쪽 파사드스, 생-드니의 서쪽 파사드

수평주의 트리포리움(샤르트르)(위)과
수평주의 트리포리움(수아송)

맨 위부터
수직주의 트리포리움(아미앵),
수직주의 트리포리움(랭스),
수평주의와 수직주의의 화해(생-드니)

왼쪽 위부터 시계 방향으로
필리에 캉토네(샤르트르),
필리에 캉토네(아미앵),
복합 피어(생-드니)

필리에 캉토네와 복합 피어의 결합(쾰른)

에 비해 피에르 드 몽테로는 단독의 네이브 소원주 자체를 생략하고 과감하게 복합 피어를 부활시킴으로써 문제를 해결하려 한다. 파노프스키에 따르면, 복합 피어의 부활은 샤르트르 이래 일반화되었던 필리에 캉토네라는 긍정의 진술에 대한 부정의 진술을 의미한다. 그 후, 프랑스에서 교육받은 쾰른 대성당의 장인은 피에르 드 몽테로가 고안한 복합 피어의 높고 연속적인 주신들과 보조적 소원주들을 다시 아미앵의 원통형 필리에 캉토네와 결합시킨다. 그리하여 전성기 고딕 대성당의 네이브 피어 형태에서 긍정과 부정을 종합하는 최종적 해결은 쾰른의 장인이 제시하는 것이다.[51]

---

51) 이 책의 134~139쪽 [68~73].

〈전성기 고딕건축의 변증론적 전개 과정〉

Quaestio 1. 서쪽 파사드의 창을 어떻게 구성할 것인가?		
~하다고 생각된다 (videtur quod)	전통적 아치형 창	생-드니 이전
그러나 반대로 sed contra	장미창	생-드니 이후
~라 말해야 한다고 나는 대답한다 (respondeo dicendum)	아치형 창과 장미창의 결합	생-니케즈

Quaestio 2. 채광창 아래 벽면을 어떻게 조직할 것인가?		
~하다고 생각된다	수평주의	샤르트르, 수아송
그러나 반대로	수직주의	랭스, 아미앵
~라 말해야 한다고 나는 대답한다	수평주의와 수직주의의 화해	생-드니

Quaestio 3. 네이브 피어의 형태를 어떻게 만들 것인가?		
~하다고 생각된다	필리에 캉토네	샤르트르, 아미앵
그러나 반대로	복합 피어	생-드니
~라 말해야 한다고 나는 대답한다	필리에 캉토네와 복합 피어의 결합	쾰른

남은 질문들

지금까지 텍스트의 주요 내용을 훑어보았다. 파노프스키의 핵심적 생각을 다시 추려보자. 도시적 전문직 체제 안에서 스콜라철학자와 건축가들 사이에 전면적인 정신적 교류가 가능했던 12~13세기 파리 주변 지역에서, 스콜라철학과 고딕건축 사이에는 뚜렷한 인과관계가 관찰된다. 전성기 스콜라철학과 전성기 고딕건축 사이에 인과관계가 성립한다는 것은 전자가 유발한 특수한 심적 습성이 후자에게 확산된다는 의미이거니와, 이 심적 습성은 교의의 내용이 아니라 작용 방식에 드러나는 것으로서 명료화와 일치의 원리라고 표현할 수 있다.

명료화와 일치의 작용 방식을 파헤침으로써, 파노프스키는 심적 습성 개념을 매개로 스콜라철학과 고딕건축의 평행관계가 발생하는 원인을 설명하겠다는 자신의 저술 의도를 충실하게 실현한다. 그런데 우리는 이 저작이 기본적으로 특수한 사례 연구의 성격을 띠는 점을 잊지 말아야 한다. 인과적 평행이라는 것 자체도 문화사에서 흔치 않은 현상이지만, 고딕건축과 스콜라철학의 관계는 그 평행 중에서도 하나의 사례일 뿐이다. 그러므로 이 저작이 평행이나 심적 습성의 개념에 관해 완결적이고 일반적인 이론을 모색하거나 제시한다고 평가하기에는 무리가 있다. 그 뿐 아니라 이 저작이 고딕건축의 발생 원인에 대한 총체적인 설명을 제 공하겠다고 자임하지 않는다는 점 역시 중요하다. 파노프스키는 스콜라철학이 고딕건축이라는 문화적 현상을 낳은 한 원인이라고 설명할 뿐, 유일한 원인 또는 충분한 원인이라고 말한 것은 아니다.[52] 저자 자신이 논의 범위를 엄격하고도 의식적으로 제한하고 있기에, 그의 논의는 적법 하게도 여러 중요한 질문을 파생시킨다. 내가 생각하기에, 『고딕건축과 스콜라철학』에 남겨져 있는 중요한 질문은 다음과 같다.

첫째, 심적 습성의 형성 요인을 분간해내고 전파 경로를 그려 내는 것 이 파노프스키의 말마따나 예외적인 일이라면(단순한 평행이 아니라 인 과관계가 관찰되어야 하므로), 그것은 심적 습성이라는 개념이 역사적 시대 분석의 도구로서 보편성을 갖기 힘들다는 의미가 아닐까?

둘째, 심적 습성 개념은 과연 스콜라철학과 고딕건축 이외의 다양한 문화적 평행현상에도 적용될 수 있는가? 예컨대 19세기 말의 실증주의

---

52) 이 점은 이 저작의 독일어 옮긴이도 정확하게 지적하고 있다. Thomas Frangenberg, "Nachwort," in: *Gotische Architektur und Scholastik*, Köln: DuMont, 1989, p.128.

학문 정신과 인상주의 회화의 관계, 또는 더 개별적으로 베이컨의 회화와 들뢰즈 철학의 관계를 설명하는 데에도 적용할 수 있는가? 조금 시각을 돌려 질문하자면, 현대 기술 문명과 형이상학을 동일한 존재의 운명으로 간주하고 추상회화나 분석철학도 그런 관점에서 평가하는 하이데거의 사고는 심적 습성 이론의 지평에서 어떻게 수용될 수 있는가?

셋째, 고딕건축의 자료에서 명료성과 일치라는 심적 습성을 읽어내는 파노프스키의 시도는 과연 충분한 실증적 타당성을 지닌 것인가?

넷째, 심적 습성은 과연 파노프스키의 설명처럼 스콜라철학의 결과물일 뿐인가? 오히려 스콜라철학 자체가 파노프스키가 규명하려는 그 심적 습성의 표현으로 간주될 수는 없는가?

첫 번째 질문과 관련하여, 나는 먼저 파노프스키가 이 저작에서 특정한 심적 습성의 형성과 전개 과정에 대한 구체적 규명이 언제나 가능한 것은 아니라고 원칙적으로 제한한 것이, 그가 심적 습성의 존재 자체를 예외적인 것으로 생각했다는 뜻은 아니라는 점을 지적하고자 한다. 이것은 이 저작 외에 파노프스키가 예술 작품 해석에 심적 습성의 개념을 명시적으로 사용하는 전거를 특별히 발견할 수 없다고 해서 이 개념의 중요성을 부인해서는 안 되는 것과 마찬가지다. 파노프스키가 언급하는 정확한 심적 습성 연구의 예외적 가능성은 심적 습성 개념 자체가 제한적이라는 뜻이 아니라 오히려 현실적으로 이 개념의 적용 가능성이 열려 있다는 뜻에 가깝다. 파노프스키가 주목한 스콜라철학자와 고딕건축가의 관계처럼 상이한 문화 활동의 당사자들 사이에서 정신적 교류와 영향이 드러나는 사례를 우리는 역사학의 자료 속에서 얼마든지 계속해서 탐색할 수 있다. 아니, 더 나아가 우리는, 상이한 문화적 당사자들 사이의 정신적 영향이 반드시—토론과 교육 같은—의식적인 접촉을 통해 일어나는가라는 질문 또한 던져봐야 한다. 무의식적이고 간접적일지라도 최소한의 정신적 연결의 정황이 존재한다면, 연결된 그 정신이 상이한 문화 현상 속에서 작용하는 방식은 원칙적으로 얼마든지 상동적일 수 있거니와, 정작 중요한 문제는 바로 이 상동성—파노프스키의 용어로 하자면 유비성—의 내용을 진단 또는 해석해내는 것이기 때문이다.[53]

따라서 첫 번째 질문과 연결되어 있는 두 번째 질문의 해결은, 우리가 파노프스키가 해냈듯이 구체적인 문화 현상의 자료에 입각하여 정신적 작용 방식의 상동성을 얼마나 신빙성 있게 그려 내는지에 달려 있다.

심적 습성 개념의 적용 지점을 찾아냄으로써 파노프스키가 열어놓은 연구의 지평을 넓혀가는 작업은 전적으로 해석자의 역량에 달렸다. 아마도 겸손하면서도 진취적으로 보일 우리의 이러한 태도에 대해 파노프스키는 그 역량이 바로 '종합적 직관'이고 종종 전문가가 아니라 재능 있는 비전문가가 더 잘 발휘하는 능력이라고 토를 달 수도 있을 것이다. 그런데 우리로서는 연구의 확장 작업을 위해 불가불 짚어보아야 할 문제가 따로 있다. 심적 습성이란 도대체 '어떻게' 확인될 수 있는 것인가? 말하자면 '실증'될 수 있는 것인가? 심적 습성의 해석에서 우리는 과연 '어느 정도의' 객관적 확실성과 타당성을 기대해도 좋은 것인가? 세 번째 질문은 바로 이런 것이다. 텍스트 밖에서 텍스트를 되돌아보자. 고딕 건축의 구체적 자료에서 명료성과 일치의 원리를 읽어내는 파노프스키의 시도가 다분히 자의적인 억지에 불과한 것 아니냐는 의심은 사실 그 누구라도 품어볼 수 있다. 가장 재능 없는 독자라도 원하기만 한다면 이 의심의 눈초리를 이 텍스트에 대한 가장 손쉬운 비판의 칼날로 사용할

---

53) 파노프스키에 따르면, 이를 위해서 필요한 것은 분석 능력이라기보다는 '종합적 직관'(synthetic intuition) 능력이다. *Meaning in the Visual Arts*, p.38 (국역본 81쪽) 참조.

수 있을 것이다. 고딕건축의 변증론적 전개 과정에 대한 해석에 관해서는, 다른 누구도 아닌 저자 자신이 이런 공격이 제기될 가능성을 스스로 언급하고 있다. 건축을 비롯한 예술 일반에서 표현 기법이나 기술상의 문제가 긍정과 부정을 거쳐 종합적 해결의 방향으로 전개되는 사례는 얼마든지 찾을 수 있지 않는가. 파노프스키는 이러한 문제 제기에 대해 고딕건축의 변증론적 전개가 특출한 일관성을 지닌다는 점과 고딕건축에서는 긍정과 부정과 해결의 원리가 철저히 의식적으로 적용되었다는 점을 지적하면서 자신의 해석의 타당성을 주장한다.[54] 그리고 이 텍스트의 마지막 단락에서, '상호 토론을 통해'(inter se disputando)라는 다분히 스콜라철학적 문구가 적힌 비야르 드 온쿠르(Villard de Honnecourt)의 도면 앨범을 변론의 자료로 제시하기까지 한다.[55]

옮긴이는 이러한 답변이 잘못된 것은 아니지만 그렇다고 문제의 핵심을 건드리는 답변도 아니라고 생각한다. 오히려 문제의 핵심은—파노프스키 자신도 암묵적으로 의식하고 있었음이 틀림없지만—심적 습성이란 실증이 가능한 '사실'의 영역이 아니라 해석 작업과 결부된 '의미'의 영역에 속한다는 데에 있다. 『시각예술의 의미』에 나온 용어를 빌어 표현하자면, 심적 습성이란 스콜라철학의 문헌 또는 건축 작품이라는 인공물 안에 기록되는 관념의 발생 조건이자 근거다. 그것은 예컨대 창조 교의에 대한 가장 이성적인 설명이나 종말 교의에 대한 가장 명료한 예술적 제시와 같은 창작자의 직접적이고 의식적인 지향(교의의 내용) 이면에 존재하면서 그 지향의 발현을 규정하는, 사고의 습관이자 태도(교의의 작용 방식)이다. 지향의 대상인 관념과 더불어, 지향의 근거에 해당하는 이 사고 습관 곧 심적 습성 역시 작품 안에 기록되며 그런 한에서 의

---

54) 이 책의 139쪽 [74].
55) 이 책의 140, 141쪽 [75].

미의 원천이 된다. 그런데 의미란 대상 안의 즉물적 실재가 아니라 해석에 의해 재창조되는(re-created) 주관 안의 실재다.[56] 그러므로 고딕건축의 명료성과 일치에 대한 파노프스키의 해석이 주관적 개연성 그 이상을 갖지 못한다고 누군가 비판한다면, 그것은 사실상 번지수를 잘못 찾은 비판이 될 공산이 크다. 비판으로서 가능한 비판을 원한다면, 오히려 파노프스키가 해석의 재료인 실증적 자료를 사실의 차원에서 명백하게 오인하고 있다는——예컨대 샤르트르 대성당 이전에도 건축사적으로 유의미한 필리에 캉토네가 존재했다는 것이 모처의 자료에 의해 입증된다는 식의——비판을 모색하는 것이 더 나을 것이다.

따라서 우리는 파노프스키가 말하는 스콜라철학과 고딕건축의 인과관계 또는 심적 습성의 확산이——교육이나 토론 같은 실제적 활동의 교류를 매개로 이루어졌음에도 불구하고——적어도 사실 또는 사건의 인과관계로 이해되어서는 안 된다는 것을 명심해야 한다. 그것은 예컨대 계몽사상이 시민혁명을 야기했다거나 페르시아전쟁이 아테네의 상대주의와 허무주의를 야기했다는 식의 설명과는 전혀 다른 것이다. 스콜라철학과 고딕건축의 인과관계가 사건의 인과처럼 반드시 시간적 선후 관계를 내포한다고 생각해야 할 필요가 없는 것도 바로 이 때문이다.[57] 옮긴이는 이러한 고려와 관련하여, 심적 습성의 발생 원인에 대한 파노프스키의 개념적 설명에 한 가지 비판적 질문을 던질 수도 있다고 생각한다. 그것이 네 번째 질문이다.

---

56) *Meaning in the Visual Arts*, p.14(국역본 51쪽) 참조.
57) 동시에 발생한 스콜라철학과 고딕건축이 어떻게 인과관계를 형성할 수 있느냐하는 반론은, 그러므로 파노프스키에 제기되는 비판 중에서 가장 피상적인 비판에 속한다. 이런 반론의 예는 사카이 다케시, 『고딕 불멸의 아름다움』, 이경덕 옮김, 다른세상, 2009, 101쪽에서 찾을 수 있다. 파노프스키가 말하는 것이 어디까지나 평행관계로서의 인과관계임을 잊지 말자.

파노프스키는 스콜라철학을 일관되게 심적 습성을 유발한 요인 즉 확산의 출발점으로 간주하지만, 더 근본적인 관점에서 보면 고딕건축뿐 아니라 스콜라철학 역시 그 심적 습성의 동등하고 동시적인 결과 또는 표현이라 하는 것이 맞지 않을까? 만일 심적 습성을 개별 문화적 현상이 아니라 다수의 문화적 현상을, 또는 한 시대의 문화 전반을 규정하는 근본적이고 보편적인 세계관적 요인으로 이해하고자 한다면, 스콜라철학 역시 심적 습성의 원인이 아니라 여러 결과 중의 하나로 이해하는 것이 더 적절할 것이다.

이와 관련하여 두 가지 점을 따져보아야 한다고 생각한다. 첫째, 습성이 먼저냐 행위가 먼저냐 하는 개념적인 문제다. 습성은 어떤 능력이 특정한 방식으로 작용(행위)을 수행하도록, 다시 말해 특수한 질적 자격을 가진 작용을 정형적으로 낳도록 하는 원리다. 그러나 또한, 스콜라철학적 표현을 빌리자면, 습성은 개별적 작용(의 반복)을 통해서만 사후적으로 주어지는 '능력의 완전성'(perfectio potentiae)이기도 하다. 따라서 습성과 행위의 관계를 일의적으로 확정해야 한다는 요구 앞에서 우리는 곤혹스러운 처지에 빠질 수밖에 없다. 도대체 닭이 먼저냐 달걀이 먼저냐. 고민해봤자 성과가 나올 수 없는 무용한 의문으로 사람들이 치부해버리는 이런 물음을 유달리 좋아하는 사람이 있다. 아리스토텔레스는 아니나 다를까, 『니코마코스윤리학』 2권에서 이 문제를 정면으로 다룬다. "어떤 사람은 이런 의문을 제기할 수도 있을 것이다. 정의로운 행위를 함으로써 정의로운 사람이 되어야 하고, 절제 있는 행위를 함으로써 절제 있는 사람이 되어야 한다는 주장은 무엇을 의미하는지를 물을 수 있을 것이다. 만약 정의로운 일들을 행하고 절제 있는 일들을 행한다면, 이미 정의로운 사람이며 절제 있는 사람이기 때문이다. 마치 문법에 맞는 일들을 행하고 음악적인 일들을 행하면, 이미 문법가이고 음악가인 것처럼 말이다"(II, c.4, 1105a18~22).[58] 아리스토텔레스는 엄격한 의미에서 습성에 의해 행한 일(정의로운 사람이나 절제 있는 사람이 행했을 법한 그런 종류의 행위)과 우연적인 또는 단순한 의미에서 그렇게 행한 일을 구분한 다음, 자신의 분명한 대답을 내놓는다. "정의로운 일들을 행하는 것으로부터 정의로운 사람이 되고, 절제 있는 일들을 행하는 것으로부터 절제 있는 사람이 된다는 것은 맞는 말이다. 이러한 일들을 행하지 않고서는 그 누구도 좋은 사람이 되지 못하며, 될 가망성조차 가지지 못할 것이다"(II, c.4, 1105b9~13). 아리스토텔레스의 생각은, 엄격한 의미의 '습성에 따른 행위'는 그 습성을 가진 주체가 생겨난 연후에 존재할 수 있겠지만, 습성 그 자체는 엄격한 의미는 아닐지언정 어쨌든 같은 부류로 묶일 수 있는 개별적 행위를 수행함으로써만 존재하게 된다는 것이다. 이렇게 그는 개별적 행위를 행위의 원리(습성) 앞에 놓는다.

습성과 행위의 관계에 대한 아리스토텔레스의 설명 모델은 전성기 중세의 '사회적' 심적 습성과 스콜라철학의 관계에도 적용할 수 있을 것이다. 물론 이 적용을 위해서는, 먼저 여기서 말하는 '스콜라철학'의 의미 규정이 필요하다. 이것이 두 번째로 따져보아야 할 문제다. 스콜라철학이라는 말은 다수의 개인이 유사한 방식으로 수행하는 개별적인 교육 행위, 저술 행위, 사유 행위, 직업 행위를 가리킬 수도 있고, 일종의 집합 개념으로서 그 행위들의 기저를 이루는 일반적인 학문 제도나 학문 규범을 가리킬 수도 있다. 스콜라철학이 고딕건축에 표현된 심적 습성의 원인이라는 파노프스키의 서술이 단적인 타당성을 인정받을 수 있는 것은, 오로지 스콜라철학이라는 말이 전자의 의미로 이해되는 경우뿐이다. 만일 우리가 스콜라철학을 후자의 의미로 이해한다면, 스콜라철학이 (명료성과 일치 같은 키워드로 표현되는) 중세 전성기의 문화적 습성

---

58) 인용은 『니코마코스윤리학』, 김재홍 외 옮김, 이제이북스, 2006의 번역을 따름.

을 만들어 낸 것인지 아니면 (명료성과 일치의 정신을 발산하는) 스콜라철학 자체가 모종의 문화적 습성에서 비롯된 의식의 명시적 태도인지는 일단은 열린 문제로 남게 될 것이다. 양자 모두 논리적으로 가능한 가정이기 때문이다.

그러므로 옮긴이는 스콜라철학과 고딕건축의 평행을 분석하며 파노프스키가 제공하는 심적 습성의 원인에 관한 설명을 비판적 제한 없이 전적으로 또는 유일하게 타당한 설명으로 받아들여야 할 이유는 없다고 생각한다. 중요한 것은, 스콜라철학을 습성의 원인으로 간주하든 습성의 표현으로 간주하든, 전성기 중세를 규정하는 역사적, 사회적 심적 습성이 분명히 존재했다는 그 사실이다. 만일 우리가 이 심적 습성의 참된 발생 원인을 집요하게 탐구하고자 한다면, 우리 앞에 남는 길은 결국 하나밖에 없을 것이다. 그것은—굳이 말하자면 지혜와 용기를 겸비한—개인의 존재로 나아가는 길이다.

그 개인은 어떤 사람인가? 그는 사회적 습성이 아직 존재하지 않을 때, 그 누구도 아닌 자기 자신의 힘과 결단으로 (엄격한 의미의 사회적 습성에 따른 행위는 아닐지언정 어쨌든 결과적으로 같은 부류로 묶일 수 있는) 개별적 행위를 선취하는 사람이다. 체계적 사변의 습성이 아직 존재하지 않던 시대에 『자연구분론』(De divisione naturae)이라는 체계적 저술 행위를 했던 요한네스 스코투스 에리우게나(Johannes Scotus Eriugena)나, 이성적 신학의 습성이 아직 존재하지 않던 시대에 '오로지 이성으로'(sola ratione)라는 모토 아래 신 존재 증명의 행위를 했던 안셀무스는, 바로 이런 의미에서 각각 스콜라철학의 개시자와 아버지라고 불리는 것이다. 그리고 또한 바로 이런 의미에서, 예컨대 오캄은 중세의 '현대'(moderna)를 열었다고 평가받는 것이다. 이들은 필시 개인의 수준에서, 사유 행위의 헌신을 통해 새로운 습성을 이미 스스로 형성한 사람들일 것이다. 그러므로 그들은 당연히—아리스토텔레스적 구별의 잣대를 응용해 말하자면—'엄격한 의미의 습성에 따른 행위'를 한 사람, 즉 '탁월성을 지닌' 사람들이다. 오로지 이런 의미에서만, 그들의 개별적 행위는 사회적 습성 형성의 원인이 될 수 있다.

그러니 담담히 인정해야 하는바, 개인이 구조에 앞선다. 그리고 왜 그들이 존재하게 되었는지를 또다시 묻는다면, 우리는 마땅히 그 이전 시대의 어딘가로 침침한 눈을 돌릴 수밖에 없을 것이다. 과거의 궁핍과 잠재성이 현대를 낳듯이, 그들은 과거의 자식일 수밖에 없다. 파노프스키를 따르자면 시대의 전환이란 심적 습성의 교체를 뜻할 것이거니와, 어떤 시대에도 속하지 않음으로써 두 시대를 연결해주는 한 인간은 하나의 심적 습성에서 자유로운 행위를 감행함으로써 자신 안에 새로운 심적 습성을 '미리 만들어 내는' 개인일 것이다. 모든 역사 연구—철학사든 미술사든 문화사든—의 가장 중요한 과제는, 과거의 그 수많은 '창조적' 행위의 의미 그리고 그 결과물(작품)의 의미를 그 개인의 '인격'(personality)[59]과 더불어 이해하는 것이다. 그리고 해석이라고도 불리는 이 이해의 행위가 우리 자신의 심적 습성(세계관적 태도)의 일일 수밖에 없는 한에서, 심적 습성의 탐구로서의 역사학은 과거뿐 아니라 나 자신과 우리 시대의 정체에 대한 탐색이기도 하다. 우리는 누구인가? 우리가 당연하게 여기는 우리의 강고한 시각과 정신은 그렇다면 누구의 것인가? 그리고 예컨대 이 시대는, 무엇의 우연한 과거란 말인가? 무엇보다도 마지막으로, 나는 어떻게 해야 하는가?

---

59) *Meaning in the Visual Arts*, p.27 ; p.31 (국역본 67, 70쪽).

고딕건축과 스콜라철학

"전성기 고딕 대성당의 건축가들에게도 전성기 스콜라철학과
유사한 어떤 태도가 전제되어 있었음이 틀림없다.
이 건축가들에게 과거의 위대한 구조물들은, 스콜라학자들에게
교부들이 지니고 있었던 권위와 매우 유사한 권위를
지니고 있었다.

그리고 바로 이것이, 겉보기에는 일정하지 않으나
사실 대단히 일관적인 초기와 전성기 고딕건축의 전개 과정을
어느 정도 설명해준다는 것이 내 생각이다."

고딕건축과 스콜라철학

1

  역사가는 자신이 다루는 연구 재료를 '시대들'(periods)로 구분하지 않을 수 없는데,『옥스퍼드사전』은 시대라는 말을 '구별할 수 있는 역사의 부분'(portion of history)이라고 적절하게 정의하고 있다. 그런데 구별할 수 있으려면 부분 각각은 특정한 통일성을 지녀야 한다. 만일 역사가가 이 통일성을 단지 가정하는 것이 아니라 입증하고자 한다면, 그는 마땅히 예술, 문학, 철학, 사회-정치적 조류, 종교운동 들과 같은 엄연히 다른 종류의 현상들 사이에서 내적 유비(intrinsic analogies)를 찾아내려는 시도를 해야만 한다. '평행현상'(parallels)의 추적으로 이어지는 그러한 노력은 그 자체로는 칭찬받을 만하고 심지어는 꼭 필요하기까지 하다. 그러나 그 추적의 시도가 갖는 위험성은 유감스럽지만 분명하다. 제한된 하나의 영역을 넘어 여러 영역에 정통할 수 있는 사람은 없다. 자신의 전문 영역을 넘어 모험을 감행하는 순간, 누구든지 불완전한 정보, 그리고 많은 경우 이차적 정보에 의지하지 않을 수 없으니 말이다. 평행하지 않으려는 흐름들을 무시하거나 슬쩍 구부려 [억지로 평행하게 만들려는] 유혹에 저항할 수 있는 사람은 별로 없다. 그리고 설사 평행이 정말로 존재하더라도, 그것이 어떻게 생겨났는지를 이해하지 못한다면 진정으로 만족할 만한 일은 아니리라. 사정이 이러하니, 고딕건축과 스콜라철학을 연결하려는 또 하나의 조심스러운 시도[1]가 미술사가와 철학사가 양쪽에서 의심의 눈초리를 받을 수밖에 없는 것도 별로 이상한 일은 아니다.

2

그러나 모든 내적 유비를 접어두더라도, 시간과 공간이라는 순전한 사실 영역에서 고딕건축과 스콜라철학은 결코 우연이라고는 할 수 없을 뚜렷한 동시발생(concurrence)을 보여준다. 그 누구도 이 동시발생을 못 본 척 넘어갈 수는 없다. 그래서 중세철학사학자들이 자신의 연구 재료에서 시대를 구분하는 방식은, 그들이 여타의 고려 사항들에 영향을 받지 않았음에도, [중세]미술사가가 시대를 구분하는 방식과 똑같았던 것이다.

---

1) 이러한 평행현상의 발전 양상을 현대 문헌에서 추적하기 위해서는 별개의 독립적 연구가 필요하다. 여기서는 Charles R. Morey의 *Mediaeval Art*, New York, 1942, pp.255~267에 실린 훌륭한 서술을 지적하는 것으로 만족하자.

I

3

카롤링어 르네상스 예술에 대응하는 철학의 현상은 요한네스 스코투스 에리우게나(Johannes Scotus Eriugena, 810년경~877년경)에게서 나타난다. 웅대하다는 점에서도, 예상치 못하게 출현했다는 점에서도, 그리고 먼 훗날에야 실현될 수 있는 잠재성으로 가득 차 있었다는 점에서도 그 둘은 꼭 닮아 있다. 이로부터 대략 100년의 발효기가 지나면, 예술에서는 히르사우파(Hirsau school)의 평면적 단순성, 노르망디와 잉글랜드의 엄격한 구조주의에서부터 프랑스 남부와 이탈리아의 강렬한 시원적 고전주의(proto-classicism)에 이르기까지 로마네스크의 다양성과 불일치성이 나타나게 되며, 이와 마찬가지로 신학과 철학에서는 완고한 신앙주의(페트루스 다미아누스Peter Damian, 라우텐바흐의 마네골트Manegold of Lautenbach, 그리고 궁극적으로는 클레르보의 베르나르두스St. Bernard)와 과격한 이성주의(투르의 베렌가리우스Berenger de Tours, 로스켈리누스Roscellinus)에서부터 라바르댕의 힐데베르트Hildebert of Lavardin, 렌의 마르보Marbod of Rennes, 샤르트르학파의 시원적 인문주의(proto-Humanism)에 이르기까지 다양한 흐름의 복잡성이 나타났다.

4

이성과 신앙의 갈등을 해결하기 위한 원리가 탐구되고 공식화되기 이전에, 란프랑쿠스(Lanfranc, 1005년경~89)와 안셀무스(Anselmus, 1109년에 사망)는 이미 그런 갈등을 해결하려는 선구적인 시도를 행한 바 있다. 그런 원리에 관한 탐구와 분명한 진술을 처음으로 시도한 인물은 길베르투스 포레타누스(Gilbert de la Porrée, 1080년경~1154)와 아벨라르두스(Petrus Abaelardus, 1142년 사망)이다. 그리하여 초기 스콜라철학은 생-드니에서 쉬제(Suger)에 의해 탄생한 초기 고딕건축과 동일한 시점에 동일한 환경에서 탄생하였다. 물론 쉬제가 자신의 장인들에 대해 썼던 표현처럼 이 새로운 건축양식은 '여러 국가에서 온 수많은 명장들'에 의해 생겨났고 곧이어 참된 의미의 국제적 운동으로 전개되었지만, 어쨌든 새로운 사유 양식과 새로운 건축양식(프랑스 양식opus Francigenum)이 공히 파리를 중심으로 반경 100마일 이내의 지역에서부터 퍼져나간 것은 사실이기 때문이다. 그리고 [그 양식들이 각지로 퍼져나간 이후에도] 약 한 세기 반 동안 그 지역은 여전히 그 양식들의 중심지로 남아 있었다.

5

그곳에서 전성기 스콜라철학은 13세기로 접어드는 시기에 시작되었다는 것이 일반적 견해인데, 이 시기는 전성기 고딕 체계가 샤르트르와 수아송에서 그 최초의 대업적을 이룬 바로 그때이다. 뿐만 아니라 그곳에서 두 영역의 '고전적'(classic) 시기 또는 절정의 시기는 모두 성왕 루이(St. Louis, 루이 9세)의 통치 기간(1226~70)에 속한다. 알렉산더 할렌시스(Alexander of Hales, 1183~1245), 알베르투스 마그누스(Albert the Great Magnus, 1193/1206~1280), 오베르뉴의 윌리엄(William of Auvergne, 1180/90~1249), 성 보나벤투라(St. Bonaventure, 1221~74), 성 토마스 아퀴나스(St. Thomas Aquinas, 1225~74)와 같은 전성기 스콜라철학자들, 그리고 장 르 루(Jean le Loup), 장 도르베(Jean d'Orbais, 1175년경~1231), 로베르 드 뤼자르슈(Robert de Luzarches, 1160년경~1228), 장 드 셸(Jean de Chelles), 위그 리베르지에(Hugues Libergier, 1229~63), 피에르 드 몽테로(Pierre de Montereau, 1200년경~67)와 같은 전성기 고딕건축가들이 왕성하게 활동했던 때도 바로 이 시기이다. 또한 초기 스콜라철학과 대비되는 전성기 스콜라철학 고유의 특징은 초기 고딕 예술과 대비되는 전성기 고딕 예술의 고유한 특징과 뚜렷한 유비적 관계에 있다.

6

샤르트르 대성당의 서쪽 파사드에 새겨진 초기 고딕상들을 그에 앞선 로마네스크 양식과 구별해주는 차분한 활기가, 여러 세기 동안 잠들어 있던 영혼론(psychology)에 대한 관심의 부활을 반영한다는 지적은 올바르다.[2] 그러나 영혼론은 여전히 '생명의 숨결'과 '땅의 진흙'을 가르는 성서적—그리고 아우구스티누스적인—이분법에 기반을 두고 있었다. 랭스, 아미앵, 스트라스부르, 나움부르크 대성당의—아직 초상화 같다고 할 정도는 아니지만—[이전 시대보다] 훨씬 더 살아 있는 듯한 전

---

2) W. Koehler, "Byzantine Art in the West," *Dumbarton Oaks Papers*, Ⅰ, 1941, pp.85 이하 참조.

성기 고딕 조각상들, 그리고 전성기 고딕 장식의—아직 자연주의적이라 할 정도는 아니지만—자연스러운 동식물상들은 아리스토텔레스주의의 승리를 선포한다. 인간의 영혼은 여전히 불멸하는 존재자로 파악되었지만, 이제 신체로부터 독립해 있는 실체라기보다 신체 자체를 조직하고 통일하는 원리로 간주되었다. 식물은 식물의 이데아에 대한 모사로서가 아니라 식물로서 존재한다고 생각되었다. 신의 존재는 선험적(a priori) 방식이 아니라 그가 만든 피조물에 의거해 증명될 수 있다고 생각되었다.[3]

7

형식적 구성을 보더라도, 전성기 고딕 양식이 그보다 앞선 양식과 구별되는 것과 마찬가지로, 전성기 스콜라철학의 대전(大全, summa)은 그보다 덜 포괄적이고 덜 엄격한 구성을 지니며 덜 통일적이던 11~12세기

---

3) M. Dvořák, *Idealismus und Naturalismus in der gotischen Skulptur und Malerei*, Munich, 1918(원래는 *Historische Zeitschrift*, 3rd ser., XXⅢ에 실렸음); E. Panofsky, *Deutsche Plastik des elften bis dreizehnten Jahrhunderts*, Munich, 1924, pp.65 이하 참조. 교회 당국이 이 새로운 아리스토텔레스주의적 관점을 묵인하기 어려웠으리라는 사실을 우리는 쉽게 짐작할 수 있다. 1215년까지 파리대학은 아리스토텔레스의 『형이상학』과 자연학적 저작들(심지어 그것들의 축약본들도 포함하여)을 단죄한 1210년 파리 주교회의의 결정 사항을 지켰다. 1210년 파리 주교회의는 아리스토텔레스의 『형이상학』과 자연학적 저작들을, 피조물과 신의 일체성을 가르쳤던 다비드 디낭(David of Dinant)과 알마리쿠스(Almaricus de Bène) 같은 노골적인 이단과 함께 단죄했다. 1231년에 교황 그레고리우스 9세는 『형이상학』을 암묵적으로 허용했으나, 자연학적 저작들에 대해서는 "오류들이 검열되고 삭제되지" 않는 한 [강의해서는 안 된다고] 금지령을 다시 한 번 내렸다. 그는 심지어 이 목적을 위해 위원회까지 설립했다. 그러나 그때는 [아리스토텔레스주의가 유포되는 것에 맞서] 효과적인 대항 조처를 할 수 있는 시기가 이미 지나가버린 후였다.

의 사전(辭典), 명제집(Libri Sententiarum) 등[의 문헌 양식]과 구별된
다. 사실 'summa'라는 말 자체는 애초에 법학자들이 책 제목으로 사용
하던 말로서, '간략한 개론'(1150년 플렁의 로베르트Robert of Melun가
정의한 바에 따르면 개별 사항들에 대한 간략한 이해singulorum brevis
comprehensio 또는 요약 모음compendiosa collectio)이라는 의미를 지
니고 있었다. 이 말은 12세기 말에 와서야 비로소 요약이라는 의미에
서 지금 우리가 알고 있는 철저하고 체계적인 서술이라는 의미로, 즉
대전이라는 의미로 바뀌게 되었다.[4] 이러한 새로운 유형의 대전 중에
서 가장 초기의 완숙한 표본은 로저 베이컨이 "말 한 마리가 옮길 수 있
을 정도의 무게"라고 말했던 알렉산더 할렌시스의 『신학대전』(Summa
Theologiae)으로서, 이 대전은 1231년에 저술되기 시작했다. 1231년은
피에르 드 몽테로가 생-드니 성당의 새로운 네이브(nave)를 짓기 시작
한 바로 그 해이기도 하다.

---

4) 'compendium'이라는 말은 원래 '비축'(a hoard), '저장'(a saving)이라는 의미를
가지고 있었으나, [시간이 지나면서] '지름길'(a shortcut, compendia montis)이라
는 의미와 문헌의 '요약본'(abridgment, compendium docendi)이라는 한층 더 구
체적인 의미를 갖게 되었다. 주3에서 언급한 1210년과 1215년의 결정 사항에서 대
전(summa)이라는 단어는 여전히 이런 의미로 사용되고 있다. "형이상학과 자연학
에 대한 아리스토텔레스의 책을 읽어서는 안 되고, 그런 책의 요약 역시 읽어서는
안 된다"(Non legantur libri Aristotelis de metaphysica et naturali historia, nec
summa de iisdem). 일반적 추측에 따르면, 현재 통용되는 의미에서 신학대전
(Summa Theologiae)의 첫째 사례는 로베르투스 쿠르토누스(Robertus, Robert de
Courzon)가 1202년에 펴낸 (완간은 아니었으나) 책이다. 그러나 (마찬가지로 파
리에서 활동하고 있던) 프래포시티누스 데 크레모나(Praepositinus de Cremona,
Prévostin)와 스테파누스 데 링구아토나(Stephanus de Linguatona, Stephen
Langton)의 대전(Summae)이 쿠르토누스의 책보다 10년이나 15년 정도 더 먼저
나왔을 가능성도 있다. E. Lesne, *Histoire de la propriété ecclésiastique en France*, V
(*Les Ecoles de la fin du VIIIe siécle à la fin du XIIe*) Lille, 1940, 특히 pp.249, 251, 676 참
조.

8

1270년 성왕 루이가 사망한 후 50~60년(또는 독자가 원한다면, 보나벤투라와 토마스 아퀴나스가 죽은 1274년 이후 50~60년이라고 해도 상관없다)은, 철학사가들이 전성기 스콜라철학의 최종 단계라고 부르는 시기이자 예술사가들이 전성기 고딕 양식의 최종기라 부르는 시기이다. 이 시기에 일어난 발전은—그것이 아무리 중요한 발전이라 하더라도—더 이상 태도의 근본적 변화를 일으키지는 못했으며 오히려 기존 체계의 점차적인 해체 과정에서 표출되었다. 지적인 삶과 예술적인 삶—1170년경부터 파리의 노트르담악파가 지배적 영향력을 행사해 온 음악을 포함하여—의 영역 모두에서 우리는 탈중심의 흐름이 커지는 것을 목격할 수 있다. 창조적 자극은 당시까지 중심이던 곳에서 주변이던 곳으로, 즉 [파리에서] 프랑스 남부, 이탈리아, 독일권 국가들로, 그리고 13세기에 인상적인 고립의 경향을 보여주었던 잉글랜드로 옮겨갔다.5)

9

[한편] 토마스 아퀴나스에서 정점에 달했던 이성의 지고한 종합 능력에 대한 신뢰가 점차 퇴조하는 것을 감지할 수 있는데, 그런 신뢰의 퇴조는 곧 '고전적' 시기에 억압받았던 흐름들의 부활로—물론 전혀 다른 차원의 부활이기는 하지만—이어졌다. 대전은 덜 체계적이고 덜 야심적인 서술 유형으로 다시금 대체되었다. 스콜라철학 이전의 아우구스

---

5) 로버트 그로스테스트(Robert Grosseteste), 로저 베이컨(Roger Bacon), 윌리엄 셔우드(William Shyreswood) 참조.

티누스주의는 다른 무엇보다도 지성에 대한 의지의 독립성을 주장하면서, 토마스 아퀴나스에 대항하며 힘차게 되살아났고, 토마스 아퀴나스의 반(反)아우구스티누스주의적 학설은 그가 사망한 지 3년 뒤에 정식으로 단죄를 받았다. 그와 마찬가지로 '고전적' 성당 건축 유형 역시, 덜 체계적이고 종종 다소 소박하기까지 한 해결책에 의하여 폐기되었다. 그리고 조형예술에서도 우리는 추상과 선형성을 추구하는 전(前)고딕적 경향의 부활을 목격할 수 있다.

10

전성기 스콜라철학의 '고전적' 교의(doctrines)는 강단적 전통으로 굳어지거나, 또는 솜-르-루아(*Somme-le-Roy*, 79), 브루네토 라티니(Brunetto Latini, 1210년경~94)의 테소레토(*Tesoretto*) 들과 같은 대중적 문헌으로 세속화되었으며, 그도 아니면 인간 능력의 한계치에 이를 만큼 정교하고 세밀하게 다듬어졌다(이 시대의 가장 위대한 대표자, 곧 1308년에 사망한 둔스 스코투스John Duns Scotus가 정묘한 박사Doctor Subtilis라는 별칭을 얻은 데에는 그럴 만한 이유가 있다). 마찬가지로, '고전적' 전성기 고딕 양식은 데히오(Georg Dehio)의 표현을 빌리자면 교조화되거나 또는 축소화와 단순화를 겪었고(특히 탁발수도회에서 이런 일이 일어났다), 그도 아니면 스트라스부르의 하프워크(harpwork), 프라이부르크의 자수(embroidery,) 호턴이나 링컨의 유려한 트레이서리(tracery)로 세련화되고 복잡해졌다. 그러나 이 시기가 끝날 때까지 근본적인 변화는 나타나지 않았다. 그런 변화가 나타나서 철저하고 보편적인 영향력을 발휘하는 일은 14세기 중반—철학사에서 전성기 스콜라철학에서 후기 스콜라철학으로의 이행이 일어났다고 통상적으로 간주되는 시점은, 시대를 너무 앞서 나간 오캄(William of Ockham,

1295~1349/50)*의 학설이 단죄를 받은 1340년이다——이 되어서야 일어난다.

11

이 시기에 전성기 스콜라철학의 에너지는——마치 아카데미 회화가 마네 이후까지 살아남았던 것처럼 그 당시까지도 유지되던 화석화된 토마스학파와 스코투스학파를 논외로 하면——귀도 카발칸티(Guido Cavalcanti, 1250/59~1300), 단테(Dante Alighieri, 1265년경~1321), 페트라르카(Francesco Petrarca, 1304~74)를 통해 시와 인문주의로 흘러들어가거나, 또는 마이스터 에크하르트(Meister Johannes Eckhart)와 그의 추종자들을 통해 반이성적 신비주의로 흘러들어갔다. 그리고 엄격한 의미의 스콜라철학으로 남아 있는 한에서, 철학은 불가지론적 경향으로 나아갔다. 시간이 흐를수록 점점 더 고립적 처지에 빠진 아베로에스주의자들을 논외로 하면, 이 경향은 후대의 스콜라철학자들이 '현대적'이라는 적절한 어휘로 불렀던 강력한 운동, 곧 페트루스 아우레올루스(Peter Aureolus, 1280~1323)에서 시작되어 오캄에 이르러 결실을 맺은 비판적 유명론에서 나타났다('비판적'이라는 말은 로스켈리누스Roscellinus라는 이름과 연결되어 있는, 200년 가까이 거의 사장되어 있던 스콜라철학 이전pre-Scholastic의 독단적 유명론에 대립되는 의미이다). 유명론자들은 [플라톤주의자는 물론] 심지어 아리스토텔레스주의자에게도 반대하여 보편자의 어떠한 실존도 부정하고 오로지 개별자에 대해서만 실존을 인정했다. 그에 따라 전성기 스콜라철학의 악몽이었던 개체화의 원

---

* 윌리엄 오캄의 출생 연도는 정확히 알려져 있지 않으나, 대략 1285년경이라는 것이 정설이다. 파노프스키가 잘못 알고 있었던 듯하다.

리(principium individuationis)——보편적인 고양이를 무수히 많은 개별 고양이로 질료화하는 원리——라는 문제는 아무것도 아닌 것이 되고 만다. 아우레올루스가 말했듯이, '모든 것은 다른 어떤 것도 아닌 바로 그 자체에 의해 개별적이다'(omnis res est se ipsa singularis et per nihil aliud).

12

다른 한편, 경험주의의 영원한 딜레마가 다시 나타났다. 실재성이란 직관적 인식(notitia intuitiva)에 의해 파악할 수 있는 것——다시 말해 감각에 의해 직접적으로 지각되는 개별적 '사물'에 속하거나 내적 경험을 통해 직접적으로 알려지는 개별적 심리적 상태나 작용(기쁨, 슬픔, 의욕 등)——에 속할 뿐이다. 그러므로 실재하는 모든 것, 곧 물리적 대상의 세계와 심리적 과정의 세계는 결코 이성적일 수 없으며, 이와 반대로 이성적인 모든 것, 곧 추상적 인식(notitia abstractiva)에 의해 이 두 세계에서 추출된 개념들은 결코 실재적일 수 없다. 그 결과 신의 존재, 영혼의 불멸성, 심지어——적어도 한 사람, 즉 니콜라우스 데 아우트리쿠리아(Nicholas of Autrecourt, 1295/99~1369)의 경우에는——인과성을 포함하여 모든 형이상학적, 신학적 문제는 오로지 개연성의 관점에서만 논의될 수 있게 된다.[6]

---

6) 오캄에 관해서는 R. Guelluy의 최근 저서, *Philosophie et Théologie chez Guillaume d'Ockham*, Louvain, 1947 참조; 니콜라우스 데 아우트리쿠리아(Nicolaus de Autricuria)에 대해서는 J. R. Weinberg *Nicolaus of Autrecourt, a Study in 14th Century Thought*, Princeton, 1948 참조.

13

이러한 새로운 흐름의 공통분모가 주관주의라는 것은 말할 나위가 없다. 그것은 시인과 인문주의자에게서는 미학적 주관주의이고, 신비주의자에게서는 종교적 주관주의이며, 유명론자에게서는 인식론적 주관주의이다. 사실 신비주의와 유명론이라는 두 극단은 어떤 의미에서는 동전의 양면과 다를 바가 없다. 신비주의와 유명론 모두 이성과 신앙의 연결을 끊어놓는다. 물론 신비주의─타울러(Johannes Tauler, 1300년경 ~61), 하인리히 소이세(Suso, 1295년경~1366), 얀 반 루이스브뤼크 (John of Ruysbroeck, 1293/4~1381)의 시대가 되면 신비주의는 마이스터 에크하르트의 시대보다 스콜라철학에서 훨씬 더 뚜렷하게 갈라져 나온다─는 종교적 정감의 온전성을 구해내기 위해 이러한 단절을 행했으며, 유명론은 이성적 사유와 경험적 관찰의 온전성을 보전하기 위해 이러한 단절을 행했다(오캄은 '논리학, 자연학, 문법학'을 신학의 통제에 종속시키려는 그 모든 시도가 '무모한 것'이라고 명시적으로 비난한다).

14

신비주의와 유명론 모두 개체의 근거를 사밀(私密)한 감각적, 심리적 경험이라는 원천으로 돌린다. 직관(intuitus)은 오캄뿐 아니라 에크하르트가 즐겨 사용한 용어이자 그의 중심 개념이기도 하다. 그러나 신비주의자가 시각적 이미지와 정서적 자극의 조달자(purveyors)로서 자기 감각에 의존하는 데 비해, 유명론자는 실재의 전달자(conveyors)로서 자기 감각에 의존한다. 그리고 신비주의자의 직관은 신과 인간의 구별 그리고 삼위(三位)의 구별조차 넘어서 있는 일체성에 초점을 맞추지만, 유명론자의 직관은 개별 사물과 심리적 과정의 다수성에 초점을 맞춘다. 신비주의와 유명론 모두 유한자와 무한자 사이의 경계를 허무는 것으로 끝난다. 그러나 신비주의자가 신 안으로 인간 영혼이 사라지는 것을 믿는 까닭에 자아를 무한하게 만드는 경향을 갖는 반면, 유명론자는 무한한 물리적 우주라는 관념에서 그 어떤 논리적 모순도 보지 않고 또 그에 대한 신학적 반박 역시 더 이상 받아들이지 않기 때문에 물리적 세계를 무한하게 만드는 경향을 갖는다. 14세기의 유명론 학파가 코페르니쿠스의 지동설, 데카르트의 기하학적 분석, 갈릴레오와 뉴턴의 기계론을 선취하고 있었다는 것은 그다지 놀라운 일이 아니다.

15

이와 유사하게, 후기 고딕 예술은 이러한 지역적, 이데올로기적 차이를 반영하는 다양한 양식으로 해체되고 말았다. 그러나 이러한 다양성 또한 주관주의에 의해서, 즉 지적인 삶에서 관찰될 수 있는 주관주의에 상응하는 시각적 영역 안의 주관주의에 의해서 모종의 통일성을 갖는다. 이 주관주의의 가장 특징적인 표현은 원근법적 공간 해석의 등장이다. 이것은 조토(Giotto di Bondone)와 두초(Duccio di Buoninsegna)에서 유래하여 1330~40년경 모든 곳에서 수용되기 시작했다. 물질적인 회화 또는 드로잉 평면을 비물질적 투사 면으로 재정의함으로써, 원근법은—아무리 불완전하게 구사된 초기 원근법이라 하더라도—단지 보이는 대상뿐 아니라 그 대상이 특정 조건에서 보이는 방식 또한 설명한다. 오캄의 용어를 빌려 말하자면, 원근법은 대상에 대한 주관의 직접적 직관을 의미하며, 따라서 근대 '자연주의'(naturalism)로 향하는 길을 닦은 것이자 무한자의 개념에 시각적 표현을 부여한 것이다. 원근법의 소실점은 오직 '평행선이 교차하는 지점의 투사'라고 정의될 수 있을 뿐이니 말이다.

16

우리는 원근법을 당연히 이차원 예술의 장치라고 생각한다. 그렇지만 이 새로운 봄의 방식(way of seeing)—아니 차라리 시각적 과정과 연결된 디자인 방식이라고 하자—은 다른 예술들 또한 변화시키지 않을 수 없었다. 조각가와 건축가는 그들이 만든 형상을 고립된 입체로 이해하기보다는 오히려 포괄적인 '회화적 공간'으로 이해하기 시작했다. 물론 이 '회화적 공간'은, 미리 꾸며놓은 투사(prefabricated projection) 속에서 응시자에게 제시되는 것이 아니라 응시자의 눈 속에서 구성되는 것이다. [한편] 삼차원의 매체 역시 회화적 경험을 위한 재료라고 할 만한 것을 제공한다. 이는 모든 후기 고딕건축에 해당되는 사실이다. 비록 이 회화적 원리가 클라우스 슬뤼터(Claus Sluter)가 샹몰(Champmol)에 만든 계단식 입구나 전형적인 15세기식 '목조 제단후벽'(Schnitzaltar), 또는 첨탑을 올려다보거나 발코니에서 내려다보는 눈속임 형상(trick figure)에까지 전해지지는 않았다 하더라도 말이다. 그리고 이는* 잉글랜드의 '수직식'(Perpendicular) 건축과 독일 지역에서 나타난 새로운 유형의 홀 형태 성당(hall church)과 준(準)홀 형태 성당(semi-hall church)에도 해당되는 사실이다.

17

[지금까지 설명한] 모든 내용은 유명론의 경험주의적이고 개별주의적 정신을 반영한다고 말할 수 있는 다음과 같은 혁신들, 즉 각각의 장르적 특징이 강조되는 풍경화와 실내화, 그리고 자율적이고 완전히 개별화

---

* 삼차원의 매체가 회화적 경험을 위한 재료를 제공한다는 것을 의미한다.

된 초상화—[이 시기의 초상화보다] 약간 더 이른 시기의 [회화의] 유사성이, 이를테면 둔스 스코투스의 각개성(各個性, haecceitas)을 여전히 전형화된 상에 겹쳐놓은 것에 불과하지만 [이 시기의] 초상화는 앉아 있는 모델을 아우레올루스 말마따나 "다른 어떤 것도 아닌 바로 그 자체에 의해 개별적인 어떤 것"으로 재현한다—에 적용될 뿐 아니라, 흔히 신비주의와 함께 연상되는 새로운 성화들(Andachtsbilder)에도 적용된다.「피에타」(Pietà),「그리스도와 성 요한」(St. John on the Bosom of the Lord),「슬픔의 그리스도」(Man of Sorrows),「포도압착기 안의 그리스도」(Christ in the Winepress) 같은 부류의 성화들 말이다. 이러한 '감정이입에 의한 숭배의 이미지'들—성화라는 용어를 풀어서 말하자면 바로 이런 뜻이다—은 이미 언급한 초상화, 풍경화, 실내화 못지않게 종종 섬뜩할 정도로 그 나름의 방식으로 '자연주의적'이었다. 초상화, 풍경화, 실내화가 응시자로 하여금 신의 창조가 지닌 한없는 다양성과 무제약성을 의식하게 함으로써 무한성의 감각을 일으키는 데 비해, 성화는 응시자로 하여금 창조자의 무한성에 자신의 존재를 침잠하게 만듦으로써 무한성의 감각을 일으킨다. 유명론과 신비주의는 '극단은 서로 통한다'(les extrêmes qui se touchent)는 것을 다시 한 번 증명해준다. 우리가 어렵지 않게 관찰할 수 있는바, 외형적으로는 화해할 수 없을 것 같은 이러한 경향들은 14세기에 다양한 방식으로 서로에게 스며들며 종국에는 플랑드르파로 융합되어 영광의 순간에 도달한다. 이는 그 경향들이, 그 경향들을 존중했던 니콜라우스 쿠자누스(Nicolaus Cusanus, 1401~64)—그는 베이던(Roger van der Weyden)과 같은 해에 죽었다—의 철학으로 융합되었던 것과 마찬가지이다.

II

18

내가 보기에는, 이 놀랄 만큼 동시적인 발전 과정이 '집중된' 시기, 곧 1130~40년경부터 1270년경까지의 시기에 우리는 고딕 예술과 스콜라 철학 사이에서 단순한 '평행현상'보다 더 구체적인 연결, 그리고 화가나 조각가나 건축가에게 학식 있는 조언자가 주기 마련인 개별적인 (그리고 매우 중요한) '영향들'보다 더 전면적인 연결을 목격할 수 있다. 내가 말하는 이 연결은, 단순한 평행(parallelism)과는 다른 본래적 의미의 원인-결과 관계(cause and effect relation)이다. 그런데 이 원인-결과 관계는 직접적 충격보다는 오히려 확산에 의해 생겨난다는 점에서 개별적 영향과 대비된다. 이런 관계는, 더 나은 용어를 찾을 수 없는 궁여지책의 표현이긴 하지만, 일종의 심적 습성(mental habit)이라 일컬을 수 있는 어떤 것이 퍼져나감으로써 생겨난다. 심적 습성이라는 말은 과도하게 남용되는 진부한 표현이기는 하지만, 우리는 여기서 이 표현의 정확한 스콜라철학적 의미, 곧 '행위를 규제하는 원리'(principle that regulates the act, principium importans ordinem ad actum)[7]라는 의미로 돌아가자. 이런 심적 습성은 모든 문명에서 작용한다. [예컨대] 근대의 모든 역사서에는 진화라는 관념(이제까지 수행된 연구보다 훨씬 더 많은 연구를 필요로 하고 바로 지금 아주 중요한 단계로 접어들고 있다고 생각되는 관념)이 스며들어 있다. 그리고 우리 모두는 생화학이나 정신분석에 관한 충분한 지식이 없어도 비타민 결핍이니 알레르기니 모성고착이니 열등감이니 하는 것들에 대해 아무 주저함 없이 쉽게 이야기한다.

19

습성을 형성하는 여러 요인 중에서 한 가지 요인을 끄집어내고 그 전파 경로를 그려 낸다는 것은 흔히 쉽지 않으며 또는 아예 불가능하다. 그렇지만 1130~40년경부터 1270년경까지의 '파리 주변 반경 100마일 지역'은 예외다. 대단히 좁은 이 지역에서 스콜라철학은 교육에서 독점적 지위를 점하고 있었다. 전반적으로 보자면 지적 훈련은 대수도원 부설 학교에서 다른 교육기관으로, 즉 지방적이기보다는 도시적이고, 지역적이기보다는 국제적이며, 말하자면 기껏해야 준(準)교회적 성격을 갖는 교육기관으로 중심이 이동했다. 대성당 부설 학교, 대학, 새로운 탁발수도회의 신학원들(studia)——이것들은 거의 모두 13세기의 산물이다——이 바로 그런 교육기관이었다. 그리고 탁발수도회 회원들은 대학 내에서 점점 더 중요한 역할을 하게 되었다. 성 베네딕트의 가르침에 의해 준비되고 란프랑쿠스와 안셀무스에서 시작된 스콜라철학 운동이 도미니크회와 프란치스코회에 의해 수행되고 결실을 맺은 것처럼, 베네딕트 수도원에서 준비되고 생-드니의 쉬제에 의해 시작된 고딕 양식은 도시의 대성당들에서 그 절정에 달했다. 건축사에 등장하는 위대한 이름들이 로마네스크 시대에는 베네딕트 대수도원들이었고 전성기 고딕 시기에는 대성

---

7) *S. Th.*, Ⅰ-Ⅱ, q. 49, a. 3, c.

당들이었으며 후기 고딕 시기에는 지역 교구 성당들이라는 사실은 대단히 의미심장하다.

20

고딕건축물을 지은 사람들이 길베르투스 포레타누스나 토마스 아퀴나스의 원전을 읽었을 가능성은 매우 희박하다. 그렇지만 그들은 자신의 작업을 하면서 전례적(liturgical) 기획과 도상학적 기획을 고안한 학자들과 자연스럽게 협력하게 되었을 뿐 아니라, 이 당연한 사실을 논외로 하더라도 수없이 많은 다른 방식으로 스콜라철학적 관점에 노출되어 있었다. 즉, 그들은 학교를 다녔고 설교를 들었으며, 그 시대에 상상할 수 있는 모든 질문을 다루면서 우리의 오페라나 콘서트, 대중 강연과 다를 바 없는 사교 행사로 발전했던 공개적인 자유토론(disputationes de quolibet)에 참여할 수 있었고,[8] 그 밖에 수많은 기회를 통해 학자들과 유익한 접촉을 할 수 있었다. 자연과학도 인문학도 수학도 그것만의 전문적이고 비의적인(esoteric) 방법이나 용어를 개발하지 않았다는 바로 그 사실 덕분에, 인간의 지식 전체는 전문화되지 않은 보통 지성의 영역 안에 남아 있었다. 그리고—아마도 이것이 가장 중요한 요점일 텐데—당시 전반적인 사회 체계는 도시적 전문직 체제로 급속히 변화하고 있었다. 그러나 당시 사회 체계는 아직은 후대의 길드나 '건축가조합'(Bauhütten) 체계로 굳어지지 않은 상태였기에, 사제와 평신도, 시인과 변호사, 학자와 예술가가 거의 대등한 지위에서 함께 모일 수 있는 만남의 장을 제공했다. 대학의 엄격한 감독 아래 필경사를 고용하여 필사

---

8) M. de Wulf, *History of Mediaeval Philosophy*, 3rd English ed.(E. C. Messenger, tr.), London, II, 1938, p.9.

본 책자들을 대량으로(*en masse*) 생산하는 직업적인 도시 거주 출판인(stationarius, 이 말에서 오늘날의 '출판업자'stationer라는 단어가 나왔다)이 서적상(서적상의 존재는 1170년경부터 언급되었다), 서적대여상, 제본업자, 도서채식사(13세기 말경에 이미 채식사enlumineurs가 파리의 거리 한곳을 전부 차지했다) 등과 함께 나타났고 직업적인 도시 거주 화가, 조각가, 보석상이 등장했다. 또 성직자이되 실제의 삶 대부분을 집필과 교육에 바친 직업적인 도시 거주 학자(이로부터 오늘날의 '스콜라철학의'scholastic와 '스콜라철학'scholasticism이라는 말이 생겨났다)가 나타났으며, 그리고 마지막으로 그러나 이 모든 것 못지않게 중요한 것으로서, 직업적인 도시 거주 건축가가 나타났다.

21

이러한 직업적인 건축가—근대에 신사 건축가(gentleman architect)라 불리던 이들에 상응하는 수도사 건축가와 대비되는 의미에서 '직업적인' 건축가—는 낮은 신분에서 출세한 경우가 많았고 또 작업 현장을 직접 감독했다. 그는 널리 여행했고 많은 경우 잘 배운 사람이었다. 이렇게 그는 전무후무한 사회적 특권을 누리는 세계인(a man of the world)으로 성장했다. 그는 다른 이유가 아닌 재능의 출중함 때문에(propter sagacitatem ingenii) 뽑혀서 하급 성직자가 부러워할 만한 급여를 받았다. 또한 그는 '장갑과 막대'(지휘봉, virga)를 갖고 작업 현장에 나타나 짧은 명령을 내리곤 했으니, 우월한 자신감을 갖고 일을 잘해내는 사람을 묘사할 때마다 프랑스 문학에 등장하는 "*Par cy me le taille*"[9] 라는 어구는 바로 여기서 유래한 것이다. 그의 초상화는 대성당의 '미로' 속에 설립자 주교의 초상화와 함께 전시되곤 했다. 랭스에 있는 소실된 생-니케즈(St. Nicaise) 성당의 건축가는 위그 리베르지에인데, 그는 1263년에 죽은 후 조각상 안에서 불멸성을 얻는 전대미문의 영예를 얻었다. 그의 조상(彫像)은 대학 예복 같은 옷을 차려입었을 뿐 아니라 '자기 자신의' 성당 모형을 들고 있었다. 성당 모형을 들고 있는 이런 특전은 그 이전에는 아주 높은 신분의 기증자에게나 주어지는 것이었다〈도판-1〉. 그리고 역사상 가장 논리적인 건축가 피에르 드 몽테로는 생-제르맹-데-프레(St. Germain des Près)에 있는 자신의 묘비에서 '석공 박사'(*Doctor Lathomorum*)라는 이름을 얻는다. 1267년경에는 건축가가 일종의 스콜라철학자로 간주되는 상황이 된 것처럼 보인다.

---

9) "당신이 나를 위해 그것을 자를 곳은 바로 여기다." 이 유명한 구절을 속담처럼 사용하는 용례(Nicolas de Briart, reprinted in Ⅴ. Mortet and P. Deschamps, *Recueil de textes relatifs à l'histoire de l'architecture*, Paris, Ⅱ, 1929, p.290)에 대해서는 다음을 참조할 것. G. P. in: Romania, ⅩⅧ, 1889, p.288.

Ⅲ

22

초기와 전성기 스콜라철학에 의해 야기된 심적 습성이 초기와 전성기 고딕건축의 형성에 어떤 방식으로 영향을 주었는가 하는 질문을 던진다면, 우리는 교의(敎義)의 개념적 내용은 일단 제쳐두고 교의의─스콜라철학자들 자신의 용어를 빌려 말하자면─작용 방식(modus operandi)에 집중하는 것이 좋을 것이다. 영혼-신체의 관계나 보편자와 개별자 같은 문제에서 나타나는 변화하는 원리는 당연히 건축보다는 재현적 예술에 더 많이 반영되었다. 물론 건축가는 조각가, 유리채색사, 목각사 등과 긴밀한 접촉을 유지하며 살아갔다. 건축가는 어디를 가든지 그들의 작품을 공부했고(비야르 드 온쿠르Villard de Honnecourt의 '앨범'이 그 증거다), 자신의 일을 할 때 그들을 고용하고 감독했다. 또한 건축가는, 우리가 기억하듯이 오로지 조언자 역할의 스콜라철학자들과 긴밀하게 공조함으로써만 수행할 수 있었던 자신들의 도상학적 기획을 그들*에게 전파해주었다. 그러나 이 모든 과정에서, 건축가는 당시 사상의 실체를 적

---

* 조각가, 유리채색사, 목각사를 가리킨다.

용했다기보다는 그것을 소화하여 전달했다. '건물 재료를 잘 다루지는 못하지만 건물 형태를 고안하는 자'[10]인 건축가가 ─ 직접적으로 그리고 건축가 '로서'(*qua*) ─ 적용할 수 있었던 것 그리고 실제로 적용했던 것은 [사상의 실체가 아니라] 바로 독특한 진행 방식(method of procedure)이 었다. 그리고 이 독특한 진행 방식이야말로, 평신도의 정신이 스콜라철학자의 정신을 만날 때마다 스콜라철학자의 정신으로부터 각인받는 첫 번째 인상이었음에 틀림없다.

23

이 진행 방식은, 모든 작용의 방식이 그러하듯이 존재의 방식(modus essendi)을 따른다.[11] 그리고 이 존재 방식은 초기와 전성기 스콜라철학의 존재의 이유(raison d'être)를 따른다. 초기와 전성기 스콜라철학의 존재 이유는 진리의 통일성을 확립하는 것이었다. 12~13세기 사람들은 그들의 선행자들이 아직 명확하게 구상하지 못했던 과업, 그리고 그들의 후계자들, 곧 신비주의자들과 유명론자들이 아쉽게도 포기하고 말았던 과업을 이루고자 시도했다. 과업이란 바로 신앙과 이성의 항구적인 평화 조약을 체결하는 것이었다. 토마스 아퀴나스는 "거룩한 가르침은 인간의 이성을 사용하되, 신앙을 증명하기 위해서가 아니라 그 가르침 안에서 진술되는 모든 것을 명백하게 밝히기(manifestare) 위해서 그렇게 한다"고 말한다.[12] 이 말이 의미하는 바, 인간 이성은 삼위일체의 세 위격 구조, 신의 육화, 창조의 시간적 유한성 등등 신앙 조항들에 대해 결코 직접적인 증명을 제공할 수 없다. 하지만 인간 이성은 이러한 신앙 조항

---

10) *S. Th.*, I, q. 1, a. 6, c.
11) *Ibid.*, q. 89, a. 1, c.
12) *Ibid.*, q. 1, a. 8, ad 2.

들을 해명하고 명료하게 할 수 있으며 또 실제로 그렇게 한다.

24

첫째, 인간 이성은 계시 이외의 다른 원리들로부터 연역될 수 있는 모든 것에 대해서 직접적이고 완전한 증명을 제공할 수 있다. 말하자면, 결과에서 원인으로 나아가는 논거로써 증명될 수 있는[13] 신의 존재(본질은 아닐지라도)와 같은 신앙의 서문(praeambula fidei)을 포함하여 모든 윤리학적, 자연학적, 형이상학적인 원리(tenet)들에 대한 증명을 제공할 수 있다. 둘째, 인간 이성은 계시의 내용 그 자체를 해명할 수 있다. 인간 이성은 신앙 조항들에 대해 제기되는 이성적 반론들을, 비록 순전히 부정적인 방식이긴 하지만, 어찌 되었든 논거에 의해서 반박할 수 있다. [인간 이성이 이 반박이라는 부정적 방식으로 밝혀내는 바,] 그러한 반론들은 거짓이거나 또는 논증적 결정력을 지니지 못하는(inconclusive) 것일 수밖에 없다.[14] 그리고 비록 증명에 의해서 그렇게 하는 것은 아니지만, 인간 이성은 어쨌든 긍정적인 방식으로, 신비를 유비에 의해 '명백하게' 해주는 비유들(similitudines)을 제공할 수 있다. 예컨대 삼위일체의 세 위격의 관계를 우리 정신 안에 있는 존재, 앎, 사랑의 관계에 빗대거나,[15]

---

13) *Ibid.*, q. 2, a. 2, c.

14) *Ibid.*, q. 1, a. 8, c: "신앙은 틀릴 수 없는 진리에 의거하기 때문에, 그리고 참에 반대되는 것이 논증될 수는 없기 때문에, 신앙에 거슬러 제기되는 증명들이 논증이 아니라 [단지] 해소 가능한 논거들(solubilia argumenta)에 불과하다는 사실은 명백하다." 또한 F. Ueberweg, *Grundriss der Geschichte der Philosophie*, 11th ed., Berlin, II, 1928, p.429 인용문들도 참조할 것.

15) *S. Th.*, q. 32, a.1, ad 2; q. 27, a. 1 and 3. 잘 알려져 있다시피, 이미 성 아우구스티누스가 세 위격 사이의 관계를 유비적으로 기억, 지성, 사랑의 관계에 빗댄 바 가 있다(*De Trinitate*, XV, 41~42, reprinted in *Patrologia Latina*, vol. 42, col. 1088 이하).

신의 창조를 예술가의 작품에 빗대는[16] 것처럼 말이다.

25

명백하게 함(manifestatio), 그러니까 해명 또는 명료화야말로 내가 초기와 전성기 스콜라철학의 첫 번째 규제 원리(first controlling principle)라고 부르고 싶은 바로 그것이다.[17] 그러나 이 원리가 가능한 최고도의 수준──이성에 의한 신앙의 해명──에서 작용하기 위해서, 그 원리는 이성 그 자체에 적용되어야 했다. 만일 계시의 영역과 분리되어 자기 한계 안에서 완결적이고 자기 충족적인 사유 체계에 의해 신앙이 '명백해져야' 한다면, 우선 사유 체계 자체의 완결성, 자기 충족성, 한계가 '명백해져야' 한다. 그리고 이것은 오로지 문헌 서술의 도식(a schema of

---

16) *Ibid.*, q. 27, a. 1, ad 3, 그리고 예를 들어 q. 15, a.3, ad 4와 같은 여러 곳.

17) 물론 이러한 일반적인 성격 규정은 성 보나벤투라 같은 사상가에게는 온전히 적용되지 않는다. 이것은 전성기 고딕 양식의 일반적인 성격 규정이 부르주 대성당 같은 건축물에 온전히 적용되지 않는 것과 마찬가지다. 이 두 경우에, 우리는 스콜라철학에 앞서는, 그리고 본질적으로는 반(反)스콜라철학적인──또는 반고딕적인──전통과 경향이 전성기 스콜라철학──또는 전성기 고딕──의 양식적 틀 안에서 발전하는 엄청난 예외를 목격하게 된다. 아우구스티누스적인 신비주의가 ── 12세기에 꾸준히 배양된 결과로──성 보나벤투라에게서 살아남은 것처럼, 트랜셉트 없는 바실리카라는 초기 그리스도교적 개념은 ──상스, 쉬제의 고심이 담긴 생-드니의 네이브, 망트(Mantes), 파리 노트르담에 예시된 형태로──부르주에 살아남았다(S. McK. Crosby, "New Excavations in the Abbey Church of Saint Denis," *Gazette des Beaux-Arts*, 6th ser., XXVI, 1944, pp.115 이하; pp.61 이하 참조). 성 보나벤투라의 철학과 부르주(이 대성당을 아우구스티누스적 성당이라고 부를 수 있을 것이다)에서 특징적인 사실은, 양자 모두 가장 본질적인 측면에서 후대의 유례를 찾을 수 없다는 점이다. 프란치스코회 회원들 역시, 설령 그들이 토마스주의에 대해 아무리 비판적이었다 하더라도, 성 보나벤투라의 완강한 반(反)아리스토텔레스적 태도를 유지할 수는 없었다. 그리고 심지어 랭스와 아미앵의 이상에 동조하지 않는 건축가들이라 해도, 육분식 볼트에 대한 부르주 장인의 고집을 받아들일 수 없었다.

literary presentation)에 의해 가능한 일이었다. 추론이 신앙의 본성 그 자체를 지성에게 해명해준다는 사태와 똑같이, 문헌 서술은 추론의 그 과정을 독자의 상상력(imagination)에게 해명해주려 한다. 숱한 조소를 받는 스콜라철학 저술의 도식주의와 형식주의는 이로부터 생겨났다. 스콜라철학 저술은 (1) 총체성(충분한 나열), (2) 상동적인 부분들 간 그리고 부분의 부분들 간의 체계적 배열(충분한 분절), (3) 판명성(distinctness)과 [그에 따른] 연역적 설득력(충분한 상호 연관성)이라는 세 가지 요건을 갖춘 고전적인 대전[18]에서 정점에 도달한다. 이 모든 것은 토마스 아퀴나스의 비유(*similitudines*)에 대응하는 문헌 서술상의 형식적 요구들, 곧 암시적 용어, 문장 요소들의 평행(*parallelismus membrorum*), 운율에 의해 더 강화된다. 후자의 두 장치는 단순히 기억술적일 뿐 아니라 예술적이기도 한데, 이 두 장치가 나타나는 유명한 예는 종교적 이미지들에 대한 성 보나벤투라의 다음과 같은 간단명료한 옹호이다. 그는 종교적 이미지가 [우리 인간의] "단순한 아둔함 때문에, 심정의 굼뜸 때문에, 기억의 허약함 때문에"(propter simplicium ruditatem, propter affectuum tarditatem, propter memoriae labilitatem) 허용될 수 있다고 설명한다.[19]

26

우리가 당연하게 받아들이는 바, 학술계의 주요 저서들, 특히 체계적인 철학 문헌이나 학위 논문들은 목차와 개요로 압축될 수 있는 장절 구분의 틀에 따라 구성되는데, 여기서 동일한 종류의 숫자 또는 문자로 표

---

18) A. Dempf, *Die Hauptform mittelalterlicher Weltanschauung; eine geistes-wissenschaftliche Studie über die Summa*, Munich and Berlin, 1925 참조.
19) Bonaventure, *In Lib. III Sent.*, dist., 9, a. 1, q. 2. 이러한 수사학적 장치들에 대한 베이컨의 비판에 관해서는 이 책의 125쪽[54]을 참조할 것.

기된 모든 부분은 동일한 논리적 수준에 있게 된다. 그래서 a소절(sub-section), 1절(section), I장(chapter), A권(book) 사이에 성립하는 포섭 관계는 b소절, 5절, IV장, C권 사이에 성립하는 포섭 관계와 동일하다. 그러나 스콜라철학이 출현하기까지 이런 종류의 체계적인 분절은 거의 알려져 있지 않았다.[20] 아마도 짧은 시 선집이나 수학적 논고들처럼 숫자를 붙일 수 있는 항목들로 구성된 저술들은 예외이겠지만, 고전적 저술들은 단순히 '권'들로 구분되어 있을 뿐이었다. 스콜라철학의 계승자들을 따라 소위 정확한 인용이라고 부르는 그 방식대로 인용을 하기 위해서, 우리는 (플라톤이나 아리스토텔레스의 경우에서 그렇듯) 관례상 권위로 승인받고 있는 인쇄 판본의 쪽수를 지시하거나 또는 (비트루비우스의 구절을 "VII, 1, 3"과 같은 식으로 인용할 때 그렇듯) 르네상스의 몇몇 인문주의자들이 도입했던 도식을 지시해야 한다.

27

'권'이 일련번호가 매겨진 '장'으로 구분되는 것은 적어도 중세 초반 이후의 일이라고 생각된다. 그러나 당시 장들의 순서는 아직 논리적 포섭 질서의 체계를 함축하거나 반영하지 않았다. 위대한 논고들이 학문 분과의 질서에 따른(secundum ordinem disciplinae)[21] 전반적 계획에 준거해 구성됨으로써 독자들이 한 명제에서 다른 명제로 차근차근 나아가면서 이 과정의 진행 상태를 늘 숙지할 수 있게 된 것은 13세기에 이르러서이다. 전체는 부(partes)로 나뉘고, 그것은 — 예컨대 토마스 아퀴나스의 『신학대전』 제2부처럼 — 다시 더 작은 부로 나뉜다. 부는 편

---

20) 이 책의 125, 126쪽 [55] 이하를 참조할 것.
21) *S. Th.*, Prologue.

(membra), 문(quaestiones) 또는 구별(distinctiones)로 나뉘고, 이것은 다시 절(articuli)로 나뉜다.[22] 절 내부에서 논의는 더 많은 하위 구분을 포함하는 변증론적 도식에 따라 진행되며, 거의 모든 개념은 여타 개념과의 다양한 관련성에 따라 둘 또는 그보다 더 많은 의미들로 분할된다(두 가지 방식으로 이해된다, 세 가지 방식으로 이해된다intendi potest dupliciter, tripliciter[와 같은 표현에서 알 수 있듯]). 한편, 여러 편, 문, 구별은 종종 한 그룹으로 함께 묶인다. 가히 논리학과 삼위일체 상징주의의 향연(orgy)이라 할 만한 토마스 아퀴나스의 『신학대전』 세 부 중 제1부가 이를 보여주는 좋은 예다.[23]

28

그러나 당연하게도, 이 모든 것이 의미하는 바는 플라톤이나 아리스토텔레스보다 스콜라철학자들이 더 정연하게, 그리고 더 논리적으로 사유했다는 것이 아니다. 이것이 의미하는 바는, 플라톤이나 아리스토텔레스와 달리 스콜라철학자들이 자기 사유의 정연함과 논리에 타인도 잘 알 수 있는 명료성을 부여해야 한다는 압박감을 느꼈다는 사실이다. 그리고 그들 사유의 방향과 범위를 규정했던 명백하게 함의 원리가 사실은 사유의 해설 방식도 규제했으며 그 해설 방식을 '명료화를 위한 명료화의 요청'(postulate of clarification for clarification's sake)이라 부를 수 있는 태도에 종속시켰다는 사실이다.

---

22) 이러한 면밀한 분절을 처음으로 도입한 인물은 알렉산더 할렌시스가 틀림없는데, 그는 부를 편과 항으로 나눈다. 그리고 토마스 아퀴나스는 『신학대전』에서 부를 문과 절로 나눈다. 명제집 주해서들은 일반적으로 부를 구별로 나누고, 이것을 다시 문과 절로 나눈다.

23) 신과 창조 질서를 다루는『신학대전』제1부는 다음과 같이 구성되어 있다.

I. 본질(q. 2~26)
　　a. 신의 존재(q. 2)
　　　1. 신이 존재한다는 것은 자명한가(a. 1)
　　　2. 신의 존재는 논증될 수 있는가(a. 2)
　　　3. 신은 존재하는가(a. 3)
　　b. 신의 존재 방식, 아니 오히려 신의 존재 방식에서 배제되는 것들(q. 3~13)
　　　1. 신은 어떤 방식으로 존재하는가(q. 3~11)
　　　2. 신은 우리에게 어떻게 알려지는가(q. 12)
　　　3. 신은 어떤 이름을 갖는가(q. 13)
　　c. 신의 작용(q. 14~26)
　　　1. 신의 인식(q. 14~18)
　　　2. 신의 의지(q. 19~24)
　　　3. 신의 권능(q. 25~26)
II. 위격들의 구별(q. 27~43)
　　a. 기원 또는 발현(q. 27)
　　b. 기원의 관계들(q. 28)
　　c. 위격들 자체(q. 29~43)
III. 피조물의 발출(q. 44~끝)
　　a. 피조물의 산출(q. 44~46)
　　b. 피조물의 구별(q. 47~102)
　　c. 피조물의 통치(q. 103~끝)

Ⅳ

29

스콜라철학 내부에서 이 [명료화의] 원리는 어떤 결과를 낳았을까?
[이전까지의 스콜라철학에서는] 필수적인 내용들도 암시적으로 제시되
는 것이 허용되었으나, 이 원리는 스콜라철학에서 필수적인 내용들이 명
시적으로 제시되도록 하는 결과를 낳았다. 그뿐 아니라 이 원리는 심지
어 전혀 필수적이지 않은 것들을 도입하도록 하거나 인위적 균형을 위
해 서술의 자연스러운 질서를 무시하도록 하는 결과마저 낳았다. 토마스
아퀴나스는 『신학대전』 서문에서 자신의 선행자들을 염두에 두고, "문,
절, 논거들을 쓸데없이 복잡하게 하는 일"이나 "학문의 질서가 아니라
오히려 문헌적 해설의 요구에 따라서" 주제를 제시하는 경향에 불만을
제기했다. 그러나―[당시] 스콜라철학의 교육적 독점성이라는 관점에
서 보면 당연한 일이겠지만― '명료화'의 열정은 문화적 활동에 종사하
는 사실상 모든 정신에 전이되었다.

30

의학적 저술을 읽든 요한네스 리도발렌시스(Ridewall)의 『풀겐티우스
메타포랄리스』(*Fulgentius Metaforalis*) 같은 고전 신화집을 읽든, 짧은 정
치 선전문이나 통치자에 대한 찬사문을 읽든 또는 오비디우스(Ovid)의

---

24) 스콜라철학적 찬사문의 걸작은 교황 클레멘트 6세가 샤를 4세에게 준 서임장이
다(R. Salomon, *M.G.H., Leges*, IV, 8, pp.143 이하). 여기서 샤를 4세는 '그는 비교
된다'(comparatur), '그는 자리한다'(collocatur), '그는 인정된다'(approbatur),
'그는 들어 올려진다'(sublimatur)라는 표제에 따라 솔로몬과 동렬로 높여진다.
각각의 표제는 다음과 같은 하위 구분을 가지고 있다.
A. 솔로몬과 비교된다(Comparatur)
 I. 성취를 이루었다(in aliquibus profecit)
  a. 많은 예배에서(in latriae magnitudine)
  b. 사려의 확실함에서(in prudentiae certitudine)
  c. 정의의 올바름에서(in iustitiae rectitudine)
  d. 자비의 부드러움에서(in clementiae dulcedine)
 II. 월등했다(in aliquibus excessit)
  a. 지혜의 투명함에서(in sapientiae limpitudine)
  b. 풍요의 충만함에서(in abundantiae plenitudine)
  c. 언변의 위엄에서(in facundiae amplitudine)
  d. 고요한 삶의 아름다움에서(in quietae vitae pulchritudine)
 III. 가지고 있지 않았다(in aliquibus defecit)
  a. 사치의 추함을(in luxuriae turpitudine)
  b. 긴 고집을(in perseverantiae longitudine)
  c. 잡다한 우상숭배를(in idolatriae multitudine)
  d. 전쟁 업무에서의 완고함을(in rei bellicae fortitudine, etc., etc.)
리도발렌시스의 신화학적 저술은 H. Liebeschütz에 의해 *Fulgentius Metaforalis*
(*Studien der Bibliothek Warburg*, IV, Leipzig and Berlin, 1926)로 편찬되어 있다.
오비디우스의 『변신이야기』의 스콜라철학적 체계화(*naturalis, spiritualis,*
magica, moralis 그리고 *de re animata in rem inanimatam, de re inanimata in rem*
inanimatam, de re inanimata in rem animatam, de re animata in rem animatam)에
대해서는 F. Ghisalberti, "Mediaeval Biographies of Ovid," *Journal of the Warburg*
and Courtauld Institutes, IX, 1946, pp.10 이하, 특히 p.42를 참조할 것.

전기를 읽든,[24] 우리는 언제나 체계적인 구분과 하위 구분, 조직적 논증, 용어법, 문장 요소들의 평행, 운율 등의 요인에 대한 동일한 강박을 발견한다. 단테의『신곡』(*Divina Commedia*)은 그 내용의 많은 부분에서 스콜라철학적일 뿐 아니라, 삼위일체적 형식을 세심하게 의도했다는 점에서도 스콜라철학적이다.[25] 시인은『새로운 삶』(*Vita Nuova*)에서 각 소네트와 칸초네(*canzone*)의 테너를 완전히 스콜라철학적인 방식으로 '부'와 '부의 부'로 분석하기 위해 비상한 노력을 기울인다. 이에 비해 반세기 후 페트라르카는 자신의 가곡 구조를 논리학보다는 활음조(滑音調)의 관점에서 구상한다. 그는 한 소네트에 대해 다음과 같은 언급을 남긴다. "나는 첫 4행구와 첫 3행구가 두 번째로 오도록 또 그 반대가 되도록 4각운 시의 순서를 바꾸려는 생각을 했다. 그러나 그렇게 되면 낮은 음

---

25) 초기 필사본과 간행본, 주석서들은 첫 칸티카(cantica)가 칸토 2에서 시작된다(그래서 첫 칸티카는 다른 칸티카들과 마찬가지로 33개의 칸토를 포함한다)는 사실을 분명히 의식하고 있었음을 보여준다. 벤델린 슈파이어(Wendelin of Speyer)의 베니스 판본 같은 초기 간행본뿐 아니라 1337년의 트리불치아나(Trivulziana) 필사본(L. Rocca, ed., Milan, 1921)에서도 다음과 같은 표제를 발견할 수 있다: "작품 전체에 서문 역할을 하는 첫 번째 부분의 첫째 칸토[=제1곡]가 시작된다" (Comincia il canto primo de la prima parte nelaquale fae *proemio a tutta l'opera*). 그리고 "단지 첫 번째 칸티카에, 말하자면 단지 이 책의 첫 부분에 서문 역할을 하는 첫 번째 부분의 둘째 칸토[=제2곡]"(Canto secondo dela prima parte nela quale fae *proemio ala prima canticha solamente*, cioè ala prima parte di questo libro solamente). 야코포 델라 라나(Jacopo della Lana)의 주해(1866년 스카라벨리L. Scarabelli판『신곡』에 재인쇄, pp.107, 118) 참조: "처음의 이 두 장(章)에서……서문 역할을 하고 자신의 성격을 보여준다. ……여기(제2곡)에서는 그런 시를 다루는 자신을 도와달라고 학문에게 기도하면서 자신의 서문을 계속한다. 시인들이 자기 작품의 서두에서, 웅변가들이 자기 논고의 서두에서 그렇게 하는 것은 관례이기 때문이다"(In questi due primieri Capitoli . . . fa proemio e mostra sua disposizione. . . . Qui (scil., in Canto 2) segue suo proema pregando la scienzia che lo aiuti a trattare tale poetria, sicome e usanza delli poeti in li principii delli suoi trattati, e li oratori in li principii delle sue arenghe).

이 중간에 오고 약한 음이 시작과 끝에 오게 되므로, 나는 그 생각을 포기했다."[26]

31

산문과 시에 적용되는 사항은 단연코 [조형]예술에도 적용된다. 현대 형태심리학은 "종합의 힘을 인간 정신의 상위 능력에 귀속시키는 것을 거부"하고 "감각적 지각 과정의 형태 구성적 힘"을 강조하는데, 이는 19세기의 학설과 대비되고 오히려 13세기의 학설과 일치하는 것이다. [형태심리학에서는] 지각 그 자체가 일종의 "지적 능력"이라는 신뢰를 얻게 된다. 즉, 지각은 "자극을 자신의 조직에 동화시키려는 유기체의 노력"에 따라 "감각 재료들을 단순하고 '양호한' 형태의 패턴 하에 조직해내는" 지적 능력이라는 것이다.[27] 그런데 이 모든 내용은, 토마스 아퀴나스가 다음과 같이 말할 때 그가 했던 바로 그 생각을 현대적인 방식으로 표현한 것에 지나지 않는다. "감각은 마땅히 지녀야 할 비례를 지닌 사물을 감각 자신과 유사한 것으로서 즐거워한다. 그 까닭은 감각 역시 일종의 이성이기 때문이며 사실은 모든 인식 능력이 일종의 이성이기 때문이다"(sensus delectantur in rebus debite proportionatis sicut in sibi similibus; nam et sensus ratio quaedam est, et omnis virtus cognoscitiva).[28]

---

26) T. E. Mommsen (Intr.), *Petrarch, Sonnets and Songs*, New York, 1946, p. xxvii.

27) R. Arnheim, "Gestalt and Art," *Journal of Aesthetics and Art Criticism*, 1943, pp. 71 이하; idem, "Perceptual Abstraction and Art," *Psychological Review*, LIV, 1947, pp. 66 이하, 특히 p. 79를 참조할 것.

28) *S. Th.*, I, q. 5, a. 4, ad 1.

32

이성에 호소하여 신앙을 '더 명료하게' 만들고 상상력에 호소하여 이성을 '더 명료하게' 만들어야 한다는 사고방식이, 감각에 호소하여 상상력을 '더 명료하게' 만들 필요를 느꼈다는 것은 놀랄 일이 아니다. 이런 집착은 심지어 철학적, 신학적 문헌에도 간접적으로 영향을 주었다. 즉, 주제의 지적인 분절이, 반복되는 구들에 의한 발화의 청각적 분절을, 그리고 표제, 일련번호, 단락들에 의한 페이지의 시각적 분절을 암시하게된 것이다. 그리고 이러한 집착은 당시의 예술 전반에 직접적으로 영향을 주었다. 음악은 정확하고 체계적인 시간 구분에 의해 분절되었으며 (정량기보법mensural notation을 도입한 것은 13세기의 파리 악파였는데, 이것은 지금도 여전히 사용되고 있으며, 적어도 영국에서는 'breve' [겹온음표], 'semibreve'[온음표], 'minim'[2분음표] 등 원래 용어가 그대로 사용되고 있다), 시각예술도 정확하고 체계적인 공간 구분에 의해분절되었다. 시각예술에서 나타난 이러한 경향은, 재현적 예술에서는 서사적 맥락들의 '명료화를 위한 명료화'라는 결과를 낳았고, 건축에서는기능적 맥락들의 '명료화를 위한 명료화'라는 결과를 낳았다.

33

재현적 예술 영역에서 이 사실은 거의 모든 개별 형상의 분석에 의해서 증명되나, 총체들(ensembles)의 배열에서 유독 분명하게 드러난다. 예컨대 전성기 고딕 현관의 구성은, 마그데부르크나 밤베르크에서 나타난 우연적 사례를 제외하면, 형식적 배열에 질서를 부여하는 동시에 서사적 내용을 명료하게 표현하는 엄격하고 거의 표준화된 도식적 틀에종속되는 경향을 보인다. 아름답기는 하되 아직 '명료해지지는' 않은 오텅(Autun) 대성당 현관의 '최후의 심판'〈도판-2〉을, 훨씬 풍부한 모티프를 담고 있으면서도 최고도의 명료성을 드러내는 파리 또는 아미앵 대성당의 '최후의 심판'〈도판-3〉과 비교하는 것으로 만족하자. 팀파눔은 세 가지 명부(名簿)로 뚜렷하게 구분되어 있고 (생-위르생-드-부르주St. Ursin de Bourges와 퐁피에르Pompierre 성당의 의욕적인 예외를 논외로 하면, 명부는 로마네스크 양식에는 알려지지 않았던 장치다), 디시스(deësis)는 저주받은 이들 및 선택받은 이들과 분리되어 있으며, 이들은 또 부활한 이들과 분리되어 있다. 오텅의 팀파눔을 보면 열두 사도가 아직은 덜 안정된 모습으로 팀파눔의 총안(embrasure)에 놓여 있는데, 성 베드로 곧 '바위'에 강고함이 대응하고 「고린도전서」 제13장의 저자인 바오로에게 사랑이 대응하는 식으로, 각각 열두 가지 덕과 그에 대립하는 악덕(이는 정의 개념에 대한 스콜라철학의 정교한 하위 구분에 의해서, [이전의] 통상적 [덕과 악덕의] 일곱 쌍에서 발전된 것이다)을 딛고 서 있다. 그리고 지혜로운 자와 어리석은 처녀들, 선택받은 이와 저주받은 이의 원형들(antetypes)은 문설주에 주변 장식으로 덧붙여져 있다.

34

우리는 이 명료화 과정을 회화에서, 이를 테면 시험관 안을 들여다보듯이 관찰할 수 있다. 비교할 기회가 흔치는 않겠지만, 우리는 1250년경에 그려진 일련의 세밀화와 11세기 후반—아마도 1079년 이후, 그리고 틀림없이 1096년 이전—에 만들어진 그 직접적 모델들을 비교해볼 수 있다〈도판-4~7〉.[29] 가장 유명한 두 작품〈도판-6, 7〉은 생-상송(St. Samson) 성당을 비롯해 특전과 기부금을 생-마르탱-데-샹(St. Martin des Champs) 수도원에 희사하고 있는 필리프 1세를 표현하고 있다. 그런데 프레임 없는 펜 드로잉인 초기 로마네스크의 원형이 인물, 건축물,

글자들이 복잡하게 뒤섞인 모습을 보여주는 데 비해 전성기 고딕의 모사품은 주도면밀하게 조직화된 모습을 보여준다. 이 작품은 (리얼리즘과 도시의 위엄에 대한 새로운 감수성이 느껴지는 서품 의식 장면을 하단에 덧붙이면서도) 하나의 프레임으로 전체를 동시에 끌어내고 있다. 이 작품은 상이한 요소들을 서로 깔끔하게 분리하면서 프레임 안의 공간을 네 영역으로 분명하게 구획, 분할하는데, 각 영역은 왕, 교회 구조 (the Ecclesiastical Structure), 주교단, 세속 귀족의 카테고리에 해당한다. 두 건축물—생-마르탱과 생-샹송—은 같은 수준에 서 있을 뿐 아니라, 복합적 투시도가 아니라 그저 단순한 측면도로 표현된다. [또한, 11세기 초반의 모델에서] 고위 인물들은 수행원 없이 획일적 형태로 전면에 배치되었으나, [1250년경의 세밀화에서는] 덜 중요한 인물과 함께 나타나면서 움직임과 상호 소통의 능력을 획득하고 있다. 그런데 이는 그 개인들의 의미를 약화시키기보다는 오히려 강화한다. 유일한 성직자 파리의 드로고(Drogo) 부주교는 백작들과 왕자들 사이에 자리를 잡고 있으면서도(여기에는 그럴 만한 이유가 있다), 제의복과 주교관(主敎冠)에 의해 분명하게 구별되고 있다.

35

그러나 명료화의 습성이 가장 위대한 성취를 이룬 분야는 건축이다. 전성기 스콜라철학이 명백하게 함이라는 원리에 의해 지배되던 것과 마찬가지로, 전성기 고딕건축은—이미 쉬제가 관찰한 바 있듯이—'투명

---

29) 파리 국립도서관, Nouv. Acq. 1359와 런던 대영박물관, Add. 11662(M. Prou, "Desseins du XIᵉ siècle et peintures du XIIIᵉ siècle," *Revue de l'Art Chrétien*, XXIII, 1890, pp.122 이하 참조; 또한 M. Schild-Bumin, *Space in Mediaeval Painting*, New York, 1940, p.115 참조).

성의 원리'(principle of transparency)라 불릴 수 있는 어떤 것에 의해 지배되고 있었다. 로마네스크 구조물〈도판-8〉은, 우리가 건물 내부에 있든 외부에 있든, 우리에게 확고하고 침투 불가능한 공간이라는 인상을 전해준다. 이와 마찬가지로, 스콜라철학 이전의 철학(Pre-Scholasticism)은 강고한 장벽에 의해 이성으로부터 격리된 신앙을 가지고 있었다. 신비주의는 신앙이 이성을 삼켜버리도록 했으며, 유명론은 신앙과 이성의 관계를 완전히 끊어놓으려 했다. 이 두 가지 태도는 후기 고딕의 홀 형태 성당(hall church)에서 다시 표현된다고 말할 수 있을 것이다. 홀 형태 성당의 내부는 회화적으로 보이는 경우가 많고 언제나 외견상 무한한 것처럼 보이는데〈도판-9〉, 마치 헛간 같은 외피로 둘러싸여 있다. 그리하여 외부에서 보자면 관통 불가능하고 명확하게 한정된 공간이되 내부에서 보자면 불확정적이고 관통 가능한 하나의 공간이 창조된다. 그러나 전성기 스콜라철학은 합리적 지식의 영역과 단호히 선을 긋고 신앙의 성역을 인정하면서도, 이 성역의 내용이 명료하게 인식 가능한 어떤 것으로 남는다고 주장한다. 그리고 이와 마찬가지로 전성기 고딕건축은 외부 공간으로부터 내부 공간을 분명히 경계 지으면서도, [내부 공간을] 둘러싼 구조물을 통해서, 말하자면 자신을 투사한다〈도판-15, 16〉. 그리하여, 예를 들면 네이브의 단면도를 파사드에서 읽어낼 수 있는 것이다〈도판-34〉.

36

전성기 스콜라철학의 대전과 마찬가지로, 전성기 고딕 대성당은 무엇보다 '전체성'을 목표로 했으며, 그리하여 제거뿐 아니라 종합에 의해서 완벽에 가까운 최종적 해결을 지향했다. 그리하여 우리는 전성기 고딕 설계(the High Gothic plan) 또는 전성기 고딕 체계(the High Gothic system)라는 말을, 그 어떤 다른 시기에 [그 시기의 뚜렷한 양식에 대해] 말할 수 있는 것보다 훨씬 더 분명한 확신을 가지고 할 수 있을 것이다. 전성기 고딕 대성당은 모든 것에 제자리를 찾아주고 제자리를 더 이상 찾을 수 없는 것을 억누름으로써 자신의 형상 안에 그리스도교의 신학적, 도덕적, 자연적, 역사적 지식 전체를 구현하고자 했다. 전성기 고딕 대성당은 그 구조의 디자인에서, 서로 다른 경로로 전승된 모든 주요 모티프를 종합하고자 했으며, 마침내 바실리카와 중심 설계 유형(the central plan type) 간의 균형을 위협할 수 있는 모든 요소―지하 납골소(crypt), 갤러리, 전면의 두 개 이외의 탑 같은 것들―를 억누름으로써 그 양자 간의 유례없는 균형을 이루어냈다.

37

스콜라철학적 저술의 두 번째 요건인 '상동적인 부분들 간 그리고 부분의 상동적인 [하위] 부분들 간의 체계적 배열'은 [고딕 대성당의] 전체 구조의 일률적인 구분과 하위 구분(uniform division and subdivision)에서 가장 생생하게 표현된다. 로마네스크에서는 동쪽과 서쪽 볼트(vault) 형태가 다양했고(교차 볼트groin vaults, 리브 볼트rib vaults, 몸통barrels, 돔, 하프돔 등) 종종 한 건물에서 다양한 볼트 형태가 동시에 나타나기도 했으나, [고딕건축에서는] 리브 볼트만이 발달하며, 그리하여 심지어 앱스의 볼트, 제실(chapel)과 회랑(ambulatory)의 볼트까지도 네이브 볼트 및 트랜셉트 볼트와 그 종류에서 더 이상 구별되지 않게 되었다〈도판-10, 11〉. 아미앵 이후, 볼트의 띠(webbing)만은 물론 남았지만, 둥근 표면은 완전히 제거되었다. 삼분식(三分式) 네이브와 비분할 트랜셉트 사이, 또는 오분식(五分式) 네이브와 삼분식 트랜셉트 사이에 존재하던 통상적인 대비 대신에, 네이브와 트랜셉트 모두에서 삼분식 형태가 나타난다. 그리고 높은 네이브 베이(bays of the high nave)와 측면 아일 베이의 상이성(이 상이성은 크기에서 나타나기도 하고 피복재의 유형에서 나타나기도 하며 또 양자 모두에서 나타나기도 한다) 대신에, 하나의 리브 볼트를 지닌 중앙 베이가 하나의 리브 볼트를 지닌 양측 아일 베이와 연결되어 있는 통일적 벽간 공간(travée)이 나타난다. 그리하여 전체는 가장 작은 단위들—절들(articuli)이라고 말해도 거의 무리가 없을 것이다—로 이루어지거니와, 이 단위들은 평면도상으로 모두 삼각 형태라는 점에서, 그리고 그 각각의 삼각형 단위가 이웃 단위들과 변을 공유한다는 점에서 상동적이다.

38

이러한 상동성(homology)의 결과로, 우리는 잘 구성된 스콜라철학 문헌에서 나타나는 '논리적 수준'의 위계질서에 해당하는 어떤 것을 지각하게 된다. 그 시대 자체의 관례이기도 했지만, 전체 구조를 네이브, 트랜셉트, 슈베라는 세 부분으로 구분하고(슈베는 다시 성가대석과 성가대석 전방으로 구성된다) 그리고 이 부분들 내부에서도 한편으로는 높은 네이브와 측면 아일 사이를, 다른 한편으로는 앱스, 회랑, 제실 반원부를 구별하고 나면, 우리는 마침내 다음과 같은 유비 관계들을 관찰할 수 있게 된다. 첫째, 각 중앙 베이에는 네이브 전부가, 그리고 전체 중앙 네이브에는 트랜셉트 또는 성가대석 전방이 유비적으로 대응하고, 둘째, 각 측면 아일 베이에는 네이브 전부가, 그리고 전체 측면 아일에는 트랜셉트 또는 성가대석 전방이 유비적으로 대응한다. 셋째, 앱스의 각 섹터, 앱스 전체, 성가대석 전부가 유비적으로 대응하고, 넷째, 회랑의 각 부분, 전체 회랑, 성가대석 전부가 유비적으로 대응하며, 다섯째, 각 제실, 제실 전체 반원부, 성가대석 전부가 유비적으로 대응한다.

39

이 점진적 가분할성(可分割性, divisibility)—다른 방식으로 관찰하자면 가복합성(可複合性, multiplicability)이라고 말할 수도 있으리라—의 원리가 어떻게 건축물 전체에 그리고 건축물의 가장 미세한 부분에 이르기까지 점점 더 많은 영향을 주었는지를 기술하는 것은 여기서 가능하지도 않고 필요하지도 않다. 이 발전의 정점에서, 받침기둥은 주 피어(main piers), 대주신(大柱身, major shaft), 중주신(minor shaft), 소주신(still minor shaft)으로 구분되고 그 구분 안에서 또 구분된다. 창문의 트레이서리, 트리포리움, 블라인드 아케이드는 첫째, 둘째, 셋째 중간 창틀(mullion)과 측면들로 구분된다. 리브와 아치는 일련의 몰딩들로 구분된다〈도판-22〉. 그러나 여기서, 이 과정 전반을 규제하는 상동성이라는 바로 그 원리가 전성기 고딕 양식의 어휘들을 로마네스크와 구별해주는 그 상관적 통일성을 암시하고 설명해준다는 점을 말해두어야 할 것이다. 동일한 '논리적 수준'—우리는 이것을 장식적이고 재현적인 상들에서 특히 잘 알아챌 수 있는바, 이러한 상들은 토마스 아퀴나스의 비유들(similitudines)에 대응하는 요소이다—에 있는 모든 부분은 한 계층의 일원처럼 인지된다. 그리하여 예컨대 캐노피의 모양, 초석과 아치볼트의 장식, 그리고 무엇보다도 피어와 주두(柱頭, capital)의 형태에서 나타나는 엄청난 다양성은, 자연에서 한 종의 개체들 간에 일어날 법한 그 정도의 다양성만을 허용하는 표준적 유형을 위해 억제되는 경향을 보인다. 복식의 세계에서도 13세기는 (심지어 남성 의상과 여성 의상의 차이를 고려 대상에 넣더라도) 합리성과 통일성이라는 특징을 지닌바, 이러한 특징은 앞선 시대에도 그 후 시대에도 똑같이 낯선 것이었다.

40

이론적으로 한계가 없는 건축물의 소부분화(fractionization)는 스콜라 철학 저술의 세 번째 요건, 곧 '판명성과 연역적 설득력'에 대응하는 어떤 [건축학적] 요인에 의해 한정된다. 고전적인 전성기 고딕 양식의 기준에 따라, 개별적 요소들은 분해 불가능한 전체를 형성하면서도 여전히 서로에 대해 분명하게 분리된 채로 남아 있음으로써 자신의 정체성을 공표해야만 한다. 이렇게 주신은 벽 또는 피어의 중심에 대해서, 리브는 이웃 리브에 대해서, 모든 수직적 구성 요소는 각자의 아치에 대해서 자신의 정체성을 공표하는데, 그들 사이에 엄연한 상관관계가 존재하는 것 또한 틀림없다. 우리는 어떤 요소가 어떤 요소에 속하는지를 말할 수 있어야만 하거니와, 그 결과로 규모(dimension)에 있어서가 아니라 형태(conformation)에 있어서 '상호적 추론 가능성의 요청'이라고 부를 수 있을 어떤 원리가 나타난다(고전주의 건축에서는 그러한 요청이 규모에 있어서 성립했다). 후기 고딕 양식이 유장한 이행과 상호 침투를 허용하고 심지어는 즐기기까지 하며, 또한—예컨대 천장(天障, ceiling)을 과도하게 세부적으로 조직하고 받침기둥을 과도하게 단순 조직함으로써〈도판-9〉—상관관계의 법칙에 저항하기를 좋아했던 데 비해, 고전적인 [전성기 고딕] 양식은 우리에게 단순히 외부에서 내부를 추론하거나 중앙 네이브의 형태에서 측면 아일의 형태를 추론할 수 있어야 한다고 요구할 뿐 아니라, 말하자면 피어 하나의 단면도에서 전체 체계의 구조를 추론해 낼 수 있어야 한다고 요구한다.

41

마지막으로 언급할 사례는 특히 시사하는 바가 크다. 아마도 잠재해 있던 고전 모방 충동에 따른 일이겠지만, 상리스(Senlis), 누아용(Noyon), 상스(Sens) 대성당 이후 가장 중요한 건축물을 지은 건축가들은, 모든 받침기둥 간의 통일성—원형 교차점(rond-point)에서의 통일성을 포함하여—을 확립하기 위해 복합 피어를 포기하고 단일 원통형 피어에 기초해 네이브 아케이드를 쌓아올렸다〈도판-18〉.[30] 이 시도가 받침기둥의 형태 내에서 상부구조를 '표현하는' 것을 불가능하게 만들었음은 물론이다. 이 시도를 완수하기 위해서, 그리고 새롭게 수용된 형식을 보존하기 위해서, 네 개의 소원주(colonnettes)가 적용된 주상(柱狀) 피어, 즉 필리에 캉토네(pilier cantonné)가 고안되었다〈도판-19~21〉. 그러나 이 기둥 유형이 샤르트르, 랭스, 아미앵 대성당에 도입되었을 때,[31] 그 기둥 유형은 네이브 아케이드의 종단 아치뿐 아니라 네이브와 측면 아일을 가로지르는 리브의 '표현'은 허용했으나 대각선[을 가로지르는 리브]의 '표현'은 허용하지 않았다〈도판-51〉. 최종적 해결은 복합 피어를 다시 사용하는 생-드니에서 찾을 수 있다. 생-드니는 복합 피어를 다시 사용했으나, 그것이 전성기 고딕 상부구조의 모든 특징을 '표현'하도록 했다〈도판-22〉. 네이브 아치의 안쪽 측면은 튼튼한 소원주에 의해 떠

---

30) 예외는 다음과 같다. 전적으로 복합 피어를 가진 페캉(Fécamp, 1168 이후), 교대 시스템으로 이루어진 생-뢰데스랑(St. Leu d'Esserent)의 동편 베이(1190년경), 슈베에 복합 피어가 있는 생-이브-드-브렌 (St. Yved de Braine, 1200 이후), 단일 원통형 피어가 있는 롱퐁(Longpont).

31) 랑 대성당 네이브 피어의 일곱 번째와 아홉 번째 쌍에서 나타난 실험은 그 후의 발전에 대해 이렇다 할 만한 영향을 주지는 못했다. 수아송의 피어들(네이브에 접한 단 하나의 소원주만 있는 원통형 피어)은, 내 생각에는, 네 방향에 소원주가 있는 샤르트르의 성숙한 형태의 필리에 캉토네가 간단한 형태로 변형된 것이다. 이 유형은 파리의 노트르담 대성당에서 형식적으로 모방되었는데(서쪽에서 두 번째 피어의 쌍), 이 유형의 중요성은 주로 13세기 중엽 이후 세워진 지방 건축물에 미친 영향에 있다(주 61 참조). 또한 랭스와 보베 대성당 원형 교차점의 받침기둥에 준 영향에서도 이 유형의 중요성이 있다. 필리에 캉토네의 발전 과정에 대해서는 이 책의 134, 135쪽 [68]을 볼 것.

받쳐지고, 그 바깥쪽 측면은 더 가느다란 소원주에 의해 떠받쳐지며, 네이브를 수평과 대각선으로 가로지르는 리브는 세 개의 높은 주신(가운데 주신이 다른 두 개보다 더 튼튼하다)에 의해 떠받쳐진다. 그리고 이 세 개의 주신은, 측면 아일을 수평과 대각선으로 가로지르는 리브를 떠받치는 세 개의 유사한 소원주에 대응한다. 그리고 네이브 벽으로 남아 있는 부분—이것은 완고하게 '벽'(wall)으로서 존속하는 유일한 요소다—은 여전히 '벽면형인'(mural) 피어 자체의 직각형 중심부에서 '명백하게' 나타난다⟨도판-52⟩.[32]

42

이것은 정녕 '합리주의'이다. 물론 슈아시(Auguste Choisy)와 비올레-르-뒤크(Eugène Viollet-le-Duc)[33]가 구상한 그런 합리주의는 아니

---

32) 일부 건축사가들은 고딕 양식의 절정기를 랭스와 아미앵(네이브)에서 찾고 생-드니, 생-샤펠(the Sainte-Chapelle), 랭스의 생-니케즈, 트루아의 생-위르뱅에서 네이브 벽이 급진적으로 제거되는 현상을 붕괴나 타락('고전 고딕'Gothique classique에 대립하는 '레요낭 고딕'Gothique rayonnant)의 시작으로 간주하려는 경향이 있다. 물론 이것은 정의의 문제이다(P. Frankl, "A French Gothic Cathedral: Amiens," *Art in America*, XXXV, 1947, pp.294 이하 참조). 그러나 완전성에 대한 고딕 양식 자체의 기준에서 생각해보면, 고딕 양식은 벽이 기술적 가능성의 극한에 이르기까지 축소된 곳에서, 그리고 동시에 '추론 가능성'(inferability)이 극대치에 도달한 곳에서 실현되는 것 같다. '전성기 고전 고딕'(classic High Gothic) 또는 '고전 고딕'이라는 표현이 자동적으로 연상시키는 것이 고딕적 '고전성'(classicality)이 아니라 그리스와 로마 '고전성'의 조형적 기준이라는 점에서, 나는 방금 언급한 관점이 순전히 어떤 언어적 기반을 가졌을 뿐이라고 추측한다. 사실 아미앵의 장인들은 생-드니의 유리를 끼운 트리포리움을 알게 되자마자 그것을 열광적으로 받아들였다(트랜셉트와 슈베).

33) 비올레-르-뒤크의 해석은 르메르(L. Lemaire)의 극단적 해석("La logique du style Gothique," *Revue néoscolastique*, XVII, 1910, pp.234 이하)에서 비롯된 것이다.

다. 생-드니의 복합 피어는 랭이나 아미앵의 필리에 캉토네에 비해 경제적 이점은 차치하고, 아무런 기능적 이점이 없기 때문이다. 그러나 그렇다고 해서 이것이 "환영주의"—아브라함(Pol Abraham)은 우리에게 이렇게 생각하도록 제안하지만—인 것도 아니다.[34] 현대 고고학자의 관점에서 보면, 아브라함과 기능주의자들 간의 이 유명한 논쟁은 오베르(Marcel Aubert)와 포시용(Henri Focillon)이 제시한, 그리고 사실은 이미 골(Ernst Gall)이 구상하고 있던 합리적 중재안에 의해 해결되었다.[35]

43

리브나 부유(浮游) 버트레스 같은 특성이 지닌 실용적 가치를 부정했다는 점에서 아브라함이 잘못을 범했다는 데에는 의심의 여지가 없다. '독립 구조 리브'(arcus singulariter voluti)[36] 골격은, 사람들이 우아하게 생긴 그것의 측면(profiles)을 보고 생각하게 되는 것보다 훨씬 더 육중하고 견고하다〈도판-24〉. 그리고 실제로도 이 골격은, 볼트의 연결망에 융통성을 부여하고(이는 홍예부centering에 드는 목재와 노력을 상당

---

34) P. Abraham, *Viollet-le-Duc et le rationalisme mediéval*, Paris, 1935 (*Bulletin de l'office interntional des Instituts d'archéologie et d'histoire de l'art*, II, 1935 논의를 참조할 것).

35) E. Gall, *Niederrheinische und normännische Architektur im Zeitalter der Frühgotik*, Berlin, 1915; idem, *Die gotische Baukunst in Frankreich und Deutschland*, I, Leipzig, 1925. 아브라함 논쟁에 관한 그 밖의 문헌은 G. Kubler, "A Late Gothic Computation of Rib Vault Thrusts," *Gazette des Beaux-Arts*, 6th ser., XXVI, 1944, pp.135 이하에 언급되어 있음. Pol Abraham, "Archéologie et résistance des matériaux," *La Construction Moderne*, L, 1934~35, pp.788 이하(여기에 주목하게 된 것은 샤피로M. Schapiro 교수 덕분이다).

36) *Abbot Suger on the Abbey Church of Saint-Denis and Its Art Treasure*(E. Panofsky, ed.), Princeton, 1946, p.108, 8; veluti라는 단어가 voluti로 변한 경위에 대해서는 E. Panofsky, "Postlogium Sugerianum," *Art Bulletin*, XXIX, 1947, p.119를 볼 것.

히 절감시키는 결과를 가져왔다) 그 두께를 줄일 수 있도록 했다는 점에서 주목할 만한 기술적 이점을 지녔다. 복잡한 현대적 계산에 따른 결론도 마찬가지이겠지만, 고딕건축가들이 자신들의 저술에서 지극히 당연한 것으로 간주할 정도로[37] 그들이 경험으로 익히 터득하고 있었던 단순한 결론, 즉 다른 아치보다 두 배로 두꺼운 아치는 다른 조건들이 동일하다면 두 배로 강하다는 결론은, 결국 리브가 볼트를 강화한다는 것을 의미하기 때문이다. 고딕 볼트는 제1차 세계대전 당시 포격에 의해 리브가 부서진 뒤에도 건재했다고 알려져 있다. 그러나 이 사례가, 고딕 볼트가 리브를 잃었다고 가정했을 때 그 볼트가 7세기가 아니라 단지 7주가 지나서도 여전히 건재하리라는 것을 보증해주는 것은 아니다. 고대의 석조 기술이 순전히 응집력에 의해 결합시켜 놓았기에, 받침기둥이 사라진 후에도 심지어 벽의 주요 부분조차 제자리에 매달려 있는 모습을 우리는 볼 수 있기 때문이다〈도판-25〉.[38]

44

버트레스와 부유 버트레스는 모든 볼트의 안정성을 위협하는 해체적인 힘들에 맞서는 작용을 한다.[39] 고딕 장인들이 이 사실을 충분히 인지하고 있었다는 것—"첨두아치형(pointed arch) 볼트는 버트레스에 하중을 가하지 않는다"는 싱거운 주장을 했던 밀라노의 고집 세고 무식한 자들만 제외하고—은 여러 문헌 기록으로 입증되며 또한 그들이 사용

---

37) G. Kubler, 앞의 책 참조.
38) E. Brunet, "La restauration de la Cathédrale de Soissons," *Bulletin Monumental*, LXXXVII, 1928, pp. 65 이하 참조.
39) H. Masson, "Le rationalisme dans l'architecture du Moyen-Age," *Bulletin Monumental*, XCIV, 1935, pp. 29 이하 참조.

한 직업상의 표현들 자체에 의해서도 증명되는 바이다. 그러한 직업상의 표현에는 contrefort[버팀벽], bouterec(이 말에서 우리가 사용하는 버트레스라는 말이 나왔다), 독일어 strebe[버팀벽](흥미롭게도, 이 말에서 estribo라는 에스파냐어 단어가 나왔다) 등이 있는데, 이것들은 모두 하중 압력과 그에 맞서는 힘을 나타내는 표현이다.[40] 부유 버트레스의 상부는 샤르트르 대성당에서는 사후(事後)에 덧붙여졌으나 랭스 대성당과 그 이후 주요 건축물 대부분에서는 처음부터 설계에 포함되었는데, 아마도 더 가파르고 더 무거운 지붕에 지지력을 제공하려는 의도가 있었을 것이며, 어쩌면 그러한 지붕에 가해지는 풍압에 저항하려는 의도가 있었을 수도 있다.[41] 심지어 트레이서리 또한 어떤 실용적 가치를 지니

---

40) 예컨대 쿠블러(G. Kubler)가 앞의 책에서 설득력 있게 해석한 문헌, 또는 "첨두아치는 버트레스에 하중을 가하지 않는다"고 주장한 밀라노 동료의 엉뚱한 이론에 대한 프랑스 학자 미뇨(Mignot)의 단호하고 정당한 반박을 볼 것(J. S. Ackerman, "'Ars Sine Scientia Nihil Est'; Gothic Theory of Architecture at the Cathedral of Milan," *Art Bulletin*, XXXI, 1949, pp.84 이하 참조). 밀라노의 텍스트들이 증명해 주듯이(같은 책, Ackerman 재인쇄본 pp.108 이하), *contrefort*라는 용어와 *arcboutant*("archi butani")라는 용어는 14세기 말 무렵까지, 심지어 라틴어와 이탈리아어에서도 익숙하게 사용되는 말이었으며, 15, 16세기에 이르기까지 비유적인 의미로 사용되었다(*Dictionnaire historique de la langue française publié par l'Académie Française*, III, Paris, 1888, pp.575 이하; E. Littré, *Dictionnaire de la langue française*, I, Paris, 1863, p.185; La Curne de la Palaye, *Dictionnaire historique de l'ancienne langue française*, IV, Paris and Niort, 1877, p.277). *bouterec*(F. Godefroy, *Lexique de l'ancien Française,* Paris, 1901, p.62)라는 용어는 영어에서 'buttress'라는 말이 나타나는 1388년 이전에 틀림없이 사용되고 있었을 것이다. 그리고 *estribo*라는 용어는 쿠블러가 같은 책에서 해석한 문헌에 계속해서 나타나고 있다.

41) 볼트의 안정성을 고려하는 한 부유 버트레스의 이 상부는 과잉에 불과하기 때문에, 그 존재는 단지 "소심함" 때문이라고 설명되기도 했다(J. Guadet, *Eléments de théorie d'architecture*, Paris, n.d., III, p.188). 그것을 바람에 맞서는 조치로 설명하려는 해석은 코넌트가 제안했다. K. J. Conant, "Observations on the Vaulting Problems of the Period 1088-1211," *Gazette des Beaux-Arts*, 6th ser., XXVI, 1944, pp.127 이하.

고 있었으니, 트레이서리가 유리 설치를 용이하게 하고 그 보존을 돕는다는 점에서 그러했다.

45

다른 한편, 참된 형태의 초기 리브의 출현이 육중한 교차 볼트와 연관되어 있다는 점도 사실이다. 육중한 교차 볼트에서 리브는 '독립적으로' 구축될 수 없었을 것이며, 따라서 홍예부[에 들어가는 부담을] 절감하거나 추후 고정 기능을 담당한다는 의미는 그다지 갖지 않았을 것이다〈도판-23〉.[42] 그리고 샤르트르의 부유 버트레스가 그 기능적 중요성에도 불구하고 미학적 감각에 크게 호소했다는 것 또한 사실이다. 랭스 대성당 북쪽 트랜셉트에 아름다운 마돈나를 제작한 장인이 그 마돈나의 건물에 축소된 형태로 부유 버트레스를 재현할 정도였으니 말이다〈도판-26, 27〉. 루앙의 생-우앙(St. Ouen) 성당을 세운 존경스러운 건축가—그의 디자인은 고정 효율(statical efficiency)의 현대적 표준에 매우 근접해 있다[43]—는 부유 버트레스의 상부 없이도 일을 해냈다. 그리고 버트레스를 소원주, 감실(tabernacles), 소형 장식탑(pinnacles), 트레이서리의 세공물로 변환시킨 버트레스 체계의 가공 과정에 관한 한, 그 어떤 실용적인 이유도 존재할 수 없었을 것이다. 모든 스테인드글라스 창 중에서 가장 큰 창인 샤르트르 대성당 서쪽 창은 트레이서리 없이도 7세기를 버티어왔다. 그리고 블라인드 트레이서리가 견고한 벽 표면에 적용되었다는 것이 어떤 기술적 의미도 지니지 않는다는 점은 두말할 나위도 없다.

---

42) E. Gall, 앞의 책, 특히 p.31 이하 *Die gotische Baukunst* 부분을 볼 것.
43) J. Guadet, 같은 책, pp.200 이하, 도판 1076을 볼 것.

46

그러나 이러한 모든 논의는 우리가 말하려는 요점이 아니다. 12세기와 13세기의 건축과 관련하여, "기능일 뿐이냐 환영일 뿐이냐" 하는 양자택일 구도는—12세기와 13세기 철학과 관련하여 "진리의 추구일 뿐이냐 지성의 곡예이자 능변일 뿐이냐" 하는 양자택일이 타당성이 없듯이—거의 타당성이 없다. 캉과 더럼의 리브는 아직 독립 구조(*singulariter voluti*)는 아니지만, [실용적 기능을 수행할 수 있는] 능력을 갖추기 전에 말을 앞세우면서 출현했다. 측면 아일의 지붕 아래에 여전히 숨겨져 있던 캉과 더럼의 부유 버트레스(**도판-28**)는, [그것이 담당하는 기능을] 말로 표현할 능력을 갖추기 전에 [그 기능을] 수행하면서 출현했다. 궁극적으로 부유 버트레스는 표현하는 법을 배웠고, 리브는 기능하는 법을 배웠다. 그리고 그 둘 모두는, 자신이 기능하고 있는 바를 단순히 효율성을 위한 필요 이상으로 더 세밀하고 더 명확하고 더 장식적인 언어로써 공표하는 법을 배웠다. 그리고 이는 항상 기능뿐 아니라 표현 또한 담당하고 있었던 피어 구조와 트레이서리에도 적용되는 사실이다.

47

우리가 목격하는 것은 순수한 기능주의적 의미의 '합리주의'도 아니고, 예술을 위한 예술(l'art pour l'art)이라는 현대 미학적 의미의 '환영'도 아니다. 우리가 목격하는 것은, 아마도 "감각 역시 일종의 이성이기 때문이다"라는 토마스 아퀴나스의 말을 예시하는 "시각적 논리"라고 부를 수 있을 어떤 현상이다. 스콜라철학적 습성에 물들어 있는 사람은 명백하게 함(*manifestatio*)이라는 관점에서, 문헌 서술(literary presentation)의 방식을 바라보는 것과 똑같은 시각으로 건축적 연출

(architectural presentation)을 바라볼 것이다. 그는 대전(Summa)을 구성하는 수많은 요소의 일차적 목적이 타당성(validity)을 확립하는 데 있다는 사실을 당연하게 여겼으며, 이와 마찬가지로 대성당을 구성하는 수많은 요소의 일차적 목적이 안정성(stability)을 확립하는 데 있다는 사실을 당연하게 여겼을 것이다.

48

그런데 만약 대전의 세부 조직화(membrification)가 인식 과정 자체에 대한 추체험을 가능하게 해주듯이 건축물의 세부 조직화가 건축적 구성 과정 자체에 대한 추체험을 가능하게 해주지 않았다면, 이런 상황에 그는 결코 만족하지 못했을 것이다. 부, 구별, 문, 절이라는 관례적 장치가 그에게 이성의 자기 분석이자 자기 해명이었던 것과 마찬가지로, 주신, 리브, 버트레스, 트레이서리, 소장식탑, 크로킷의 장려한 집합은 그에게 건축의 자기 분석이자 자기 해명이었다. 인문주의 정신이 '조화'의 극한(저술에서는 결점 없는 화법, 건축에서는—바사리Giorgio Vasari가 고딕 구조물에서 전혀 보지 못하고 놓쳤던[44]—결점 없는 비례)을 요구했다면, 스콜라철학의 정신은 명확성의 극한을 요구했다. 스콜라철학의 정신은 언어에 의한 사상의 공연(空然)한 명료화(gratuitous clarification)를 수용하고 고집했으며, 이와 똑같이 형식에 의한 기능의 공연한 명료화를 수용하고 고집했다.

---

44) G. Vasari, *Le Vite dei più eccellenti pittori, scultori e architetti*, II Part, Proemio: "그들(고딕 장인들)은 기둥에서 어떤 크기와 비율을 예술이 요구하는지 관찰하지 않았고, 자신들의 규칙과 무규칙하게 혼합하여, 자신들에게 최상이 되도록 큰 것은 크게, 또는 섬세한 것은 섬세하게 만들었다"(Perchè nelle colonne non osservarono

(*scil.*, the Gothic masters) quella misura e proporzione che richiedeva l'arte, ma a la mescolata con una loro regola senza regola faccendole grosse grosse o sottili sottili, come tornava lor meglio). 이렇게 고딕건축물 안에 있는 구성물들의 규모가 의인화를 고려해 결정된 것이 아니며 하나의 동일한 건물 안에서도 그 구성물의 비율이 바뀔 수 있다는 점을 관찰하면서, 바사리는——적대감에 의해 예리해진 통찰력으로——고딕건축을 르네상스 건축과 바로크건축뿐 아니라 고전주의 건축과도 구별 짓는 근본 원리를 포착해낸 것이다. C. Neumann, "Die Wahl des Platzes für Michelangelos David in Florenz im Jahr 1504; zur Geschichte des Massstabproblems," *Repertorium für Kunstwissenschaft*, XXXVIII, 1916, pp.1 이하 참조. 또한 E. Panofsky, "Das erste Blatt aus dem 'Libro' Giorgio Vasaris; eine Studie über die Beurteilung der Gotik in der italienischen Renaissance," *Städeljahrbuch*, VI, 1929, pp.4 이하, 특히 pp.42 이하 참조.

V

49

고딕 양식이 그 고전적 단계에 도달하기까지, 즉 쉬제의 생-드니에서 시작해 피에르 드 몽테로에 이르기까지 걸린 시간은 100년에 지나지 않았다. 그러므로 우리는 신속할 뿐 아니라 유례없이 집중적으로 일어났던 이 발전 과정에서 비할 데 없는 일관성과 직선성을 관찰하게 되리라고 기대할 것이다. 그러나 사정은 그렇지 않다. 그 발전 과정은 일관적이기는 했으나 직선적이지는 않았다. 오히려 그 반대로, 우리는 출발점에서 '최종 해결'에 이르는 진전 과정을 관찰할 때, 마치 건축가들이 자기 자신의 길에 스스로 의도적 장애물을 설치하기라도 한 것처럼, 앞으로 두 걸음 나아갔다가 뒤로 한 걸음 물러서는 '도약적 진행'의 방식으로 진행되었다는 인상을 받게 된다. 그리고 이 현상은 말하자면 결핍으로 인해 퇴보가 일어날 법한 불리한 재정적, 지리적 조건들 속에서 관찰되는 것이 아니라, 다름 아닌 일급의 기념비적 작품들에서 관찰될 수 있는 것이다.

50

삼분식 네이브가 있는 바실리카, 마찬가지로 삼분식이되 네이브에서
분명하게 돌출되어 오분식 성가대석 전방으로 합쳐지는 트랜셉트, 복도
식 방사형 제실을 포함한 동심형 슈베, 단 두 개뿐인 전면부 탑 등에서
[고딕 양식의] 기본 설계(general plan)가 그 최종적 해결에 도달한다는
것을 우리는 기억한다〈도판-11, 16〉. 첫눈에 보기에는, 12세기 초반의 거
의 모든 특질을 선취했던 생-제르메(St. Germer)와 생-뤼시앵-드-보베
(St. Lucien de Beauvais)에서 시작하는 직선적 발전이 자연스러운 현상
이었을 것 같다. 그러나 그러한 발전 대신에, 우리는 최종적 결과로부터
멀어지는 듯이 보이는 두 가지 대조적 해결 사이의 극적인 투쟁을 목격
하게 된다. 쉬제의 생-드니와 상스 대성당〈도판-12〉은 전면부에 단지 두
개의 탑이 있을 뿐 트랜셉트는 퇴화되거나 완전히 생략된 엄격한 세로
형 모델을 보여준다. 이것은 파리의 노트르담에서 도입되어 부르주의 전
성기 고딕 대성당에서 여전히 유지되었던 설계다.[45] 이에 저항이라도 하
듯이, 랑(Laon)의 장인들은—아마도 언덕마루에 있는 대성당의 독특한
위치에 영향을 받아—돌출된 삼분식 트랜셉트와 많은 탑(투르네 대성
당이 그 예다)을 지닌 다항적 집합(multinominal group)이라는 게르만
적 이념으로 되돌아갔다〈도판-13, 14〉. 그 후 다음 세대에 의해 트랜셉트
와 교차부 위에 놓인 여분의 탑들이 제거되기까지는 두 개의 대성당이
더 생겨나야 했다. 샤르트르 대성당은 무려 아홉 개의 탑을 갖도록 설계
되었으며, 랭스 대성당은 랑과 마찬가지로 일곱 개의 탑을 갖도록 설계
되었다〈도판-15〉. 전면부에 단 두 개의 탑을 배치하는 설계 형태는 아미
앵 대성당에 와서야 복원되었다〈도판-16〉.

---

45) S. McK. Crosby, 앞의 책. 부르주 대성당에 관해서는 앞의 주 17을 참조할 것.

51

마찬가지로, 네이브 구성의 '최종적' 해결〈도판-19∼22〉은, 평면도 (plan)상으로는 통일적인 타원형 사분식 볼트와 통일적인 분절형 피어의 계승을 의미했으며, 입면도상으로는 아케이드의 삼연속 구조, 트리포리움, 채광창을 의미했다. 이러한 해결은 생-에티엔-드-보베(St. Etienne de Beauvais) 또는 노르망디의 레세(Lessay)〈도판-17〉 대성당 같은 12세기 초반의 원형이 곧장 발전해나감으로써 성취될 수도 있었을 것이다. 그러나 그 대신에 수아송과 샤르트르 이전의 모든 주요 구조물은 단일원통형 피어들 위에 얹은 육분식 볼트를 선보이거나〈도판-18〉 심지어 이미 한물간 '교대 시스템'(alternating system)으로 회귀해버린다. 이 구조물들의 입면도는, 누아용 이후의 중요한 건물들에서 트리포리움(또는 파리 노트르담의 경우처럼 트리포리움에 상응하는 요소)과 결합되어 4층 배열 구조를 취하는 갤러리들을 보여준다〈도판-18〉.[46]

52

돌이켜 생각해보면, 직선적인 길에서 벗어나는 자의적 일탈로 보이는 현상이 실제로는 '최종적' 해결의 필수 불가결한 전제 조건이었다는 사실은 어렵지 않게 간파할 수 있다. 랑(Laon)에서 다수 탑들의 집합이 도

---

46) 최근까지도 사람들은 4층 배열의 최초 사례가 투르네(1100년경)에서 처음 나타난다고 믿었다. 그러나 그보다 훨씬 초보적이기는 하지만 연대상으로 약간 앞서는 사례 두 가지가 튜크스베리(Tewkesbury, 1087년 건립)와 퍼쇼어(Pershore, 1090년에서 1100년 사이 건립)에서 발견되었다. 이 사례들 역시 플랑드르와 잉글랜드의 밀접한 상호 관계를 증명하고 있다. J. Bony, "Tewkesbury et Pershore, deux élévations à quatre étages de la fin du XIe siècle," *Bulletin Monumental*, 1937, pp.281 이하, pp.503 이하 참조.

입되지 않았다면 세로로 뻗어 나가려는 경향과 중앙으로 집중하려는 경향 사이의 균형은 이룩되지 않았을 것이며, 완전히 발전된 슈베와 완전히 발전된 삼분식 트랜셉트가 일체화되는 일은 더더욱 일어나지 않았을 것이다. 육분식 볼트와 4층 입면 구조가 없었던들, 서에서 동에 이르는 통일적 진행의 이상(ideal)이 투명성과 수직성의 이상과 조화를 이루는 일은 가능하지 않았을 것이다. 두 경우 모두에서 '최종적' 해결은 모순적 가능성들의 수용과 궁극적 화해를 통해 이루어졌다.[47] 여기서 우리는 스콜라철학의 두 번째 규제적 원리와 마주친다. 고전적인 전성기 고딕 양식이 어떻게 보이는지를 우리가 이해할 수 있게 도운 것이 첫 번째 원리(명백하게 함manifestatio)라면, 고전적인 전성기 고딕 양식이 어떻게 등장했는지를 이해하도록 돕는 것은 두 번째 원리(일치concordantia)일 것이다.

53

중세 사람들이 신적 계시에 관해 알 수 있었던 모든 것, 그리고 그들이 [신적 계시 이외의] 다른 관점에서 참이라고 여겼던 또 많은 것은 권위에 의해 전승된 것들이었다. 그 권위는 첫 번째로 "본질적이고 논박 불가능한"(고유하고 필연적인) 주장들을 제공하는 성경의 정전(canonical book)들이었으며, 두 번째로 "본질적"이지만 "개연적"인 주장들을 제공

---

47) 쾰른 대성당에 두 번째 측면 아일이 추가되었다는 것—만일 그것이 추가되지 않았다면 쾰른 대성당은 아미앵 대성당의 평면도를 따르게 되었을 것이다—은 덜 중요한 고려 사항(이 경우에는 네이브와 성가대석의 일치)을 위해 주요 고려 사항(이 경우에는 중앙 집중의 경향과 세로 확장의 경향 사이의 균형)을 희생시켰음을 의미한다. 받침기둥을 처리한 방식에서 관찰될 수 있는 바도 이와 다르지 않다(이 책의 138, 139쪽[73] 이하 참조).

하는 교부들의 가르침이었고, 세 번째로 "본질적이지 않고"(외면적인) 바로 그 이유 때문에 단순히 개연적일 뿐인 주장들을 제공하는 "철학자"들의 가르침이었다.[48]

그런데 이 권위들이 종종 서로 충돌한다는 사실, 심지어는 성경의 구절들조차도 서로 충돌한다는 사실은 그냥 무시하고 지나칠 수 있는 성질의 것이 아니었다. 유일하게 가능한 출구는, 상충되는 권위들을 똑같이 받아들이고 해석과 재해석을 거듭하여 결국 그것들이 화해에 도달하게 만드는 길뿐이었다. 이러한 작업은 신학자들에 의해 아주 일찍부터 수행되어왔다. 그러나 이 문제는 아벨라르두스가 유명한 『찬반논변집』(Sic et Non)을 쓰고 난 후에야 비로소 원리의 문제로서 제기되었다. 아벨라르두스는 이 저작에서, 신앙이 인간 이성에 지지를 구해야 하는가라는 첫 문제로 시작하여 자살이나 축첩의 허용 가능성에 관한 문제(155, 124)에 이르기까지 158개의 중요한 지점에서 성경을 포함한 여러 권위가 서로 불일치하고 있음을 보여주었다. 서로 갈등을 일으키는 권위들을 체계적으로 수집하고 대질하는 이러한 일은 오랫동안 교회법학자(canonist)가 수행해왔다. 그러나 법이란, 비록 신에 의해 부여된 것(God-given)이라 하더라도, 결국은 사람에 의해 만들어진 것(man-made)이다. 아벨라르두스는 계시의 원천 그 자체 안에 있는 "차이와 모순들"(서로 다를 뿐 아니라 서로 맞서기까지 하는ab invicem diversa, verum etiam invicem adversa)을 폭로하면서 자기 자신의 대담성을 스스로 분명히 의식하고 있었다. 그의 이러한 모습은 차이와 모순들이 "진리를 향한 더 열정적인 탐구심을 독자들에게 자극할수록 성경의 권위는 더 높이 찬양될 것"[49]이라는 그의 말에서 드러난다.

---

48) *S. Th.*, Ⅰ, q.Ⅰ, a. 8, ad 2.
49) *Patrologia Latina*, vol. 178, cols. 1339 이하.

54

아벨라르두스는 그의 훌륭한 서문에서 텍스트 비평의 기본 원리(「마태복음」제27장 제9절에서 즈카르야(Zechriah)의 예언이 예레미야의 것으로 기술되는 오류와 같이 복음서에조차 존재하는 오기 가능성을 포함하여)를 수립하고 나서, 얄궂게도 해결을 제시하지는 않는다. 그러나 그 해결을 찾는 작업을 해야 한다는 것은 피할 수 없었으며, 그 후 이러한 작업 과정은 스콜라철학적 방법론에서 점점 더 중요한 부분, 아마도 가장 중요한 부분이 되어갔다. 베이컨(Roger Bacon)은 스콜라철학의 이 방법론이 유래한 다양한 기원을 예리하게 관찰하여 그 기원을 다음과 같은 세 가지 요소로 정리했다. "변증론자들이 행하는 바, 수많은 부분들로의 구분. 문법학자들이 행하는 바, 리듬의 일치. 법학자들이 행하는 바, 강제적 조화"(concordiae violentes).[50]

55

겉보기에 화해 불가능한 것들을 화해시키는 이 기술, 아리스토텔레스의 논리학을 수용함으로써 예술의 경지에 도달한 이 기술이야말로, 학문적 교육의 형식과 이미 언급했던 공개적인 자유토론의 의식(儀式), 그리

---

50) Roger Bacon, *Opus minus.* "텍스트에서 일어나는 일은 주요하게는 다음 세 가지이다. 변증론자들이 행하는 바와 같은 다양한 구성 부분으로의 구분, 법학자들이 행하는 바와 같은 강제적 조화, 문법학자들이 행하는 바와 같은 리듬의 일치"(H. Felder, *Geschichte der wissenschaftlichen Studien im Franziskanerorden*, Freiburg, 1904, p.515 재인용). 『찬반논변집』의 방법론을 교회법학자들(Ivo of Chartes, Bernold of Constance)이 어떻게 선취하고 있었는지에 대해서는 M. Grabmann, *Die Geschichte der scholastischen Methode*, Freiburg, 1909, I, pp.234 이하(제I장과 제II장 곳곳)를 볼 것.

고 무엇보다 스콜라철학 저술 자체의 논증 방식을 결정지었던 바로 그것이었다. 모든 논제(예컨대 『신학대전』에 실린 모든 절 각각의 내용)는 문제(quaestio)로 표현되어야 했으며, 그 문제에 대한 토론은 일련의 권위(~라고 생각된다videtur quod……)를 늘어놓는 것으로 시작하여 그에 반하는 권위(그러나 반대로sed contra……)들을 늘어놓고, 문제의 해결(나는 다음과 같이 말해야 한다고 답한다responseo dicendum……)로 나아간다. 그리고 기각된 주장들—물론 그 주장들은 권위의 타당성이 아니라 단지 해석이 문제되는 한에서 기각될 뿐이다—에 대한 개별적 비판(첫째에 대해서, 둘째에 대해서 등등ad primum, ad secundum, etc.)이 뒤를 따른다.

56

이러한 원리들이 무조건적 명료화라는 습성 못지않게 결정적이고 포괄적인 심적 습성을 형성할 수밖에 없었다는 것은 말할 필요도 없다. 12세기와 13세기의 스콜라철학자들은 서로를 상대할 때는 전투적이었지만 권위의 수용에서는 모두 일치하는 태도를 보였으며, 자기 사상의 독창성을 자랑스럽게 여기기보다 권위를 이해하고 활용하는 기량을 더 자랑스럽게 여겼다. 유명론으로써 이성과 신앙의 연결을 끊어버리고자 했던 오캄은 "아리스토텔레스가 어떻게 생각했든 나는 개의치 않는다"[51]라고 감히 말할 수 있었다. 그가 자신에게 가장 중요했던 선행자 페트루스 아우레올루스의 영향을 굳이 부인하려 애쓸 때,[52] 우리는 정녕 새로

51) William of Ockham, *Quodlibeta*, Ⅰ, q. 10, "아리스토텔레스가 이에 대해 어떤 생각을 했든지 간에, 나는 개의치 않는다. 그는 도처에서 [이에 대해] 의심스러운 어조로 말하는 것 같기 때문이다"(Ueberweg, *Grundriss der Geschichte der Philosophie*, p.581 재인용).

운 시대의 숨결을 느끼게 된다.

57

전성기 고딕 대성당의 건축가들에게도 전성기 스콜라철학과 유사한 어떤 태도가 전제되어 있었음이 틀림없다. 이 건축가들에게 과거의 위대한 구조물들은, 스콜라학자들(schoolmen)에게 교부들이 지녔던 권위(auctoritas)와 매우 유사한 권위를 지니고 있었다. 만일 공히 권위에 의해 승인된 두 모티프가 모순되는 것처럼 보인다면, 단순히 둘 중 하나를 위해 다른 하나를 기각해버리는 것이 아니라 그 둘을 극한에 닿을 때까지 연구하여 마침내 화해를 시켜야만 했다. 예컨대 성 아우구스티누스의 말씀은 성 암브로시우스(Ambrosius)의 말씀과 궁극적으로는 화해를 이루어야 했던 것이다. 그리고 바로 이것이, 겉보기에는 일정하지 않으나 사실 대단히 일관적인 초기와 전성기 고딕건축의 전개 과정을 어느 정도 설명해준다는 것이 내 생각이다. 고딕건축 역시 '~라고 생각된다' (videtur quod)— '그러나 반대로'(sed contra)— '나는 다음과 같이 말해야 한다고 답한다'(respondeo dicendum)의 도식적 틀에 따라 진행되었던 것이다.

58

나는 이 사실을 고딕 양식에 특징적인 세 가지 문제―[스콜라 문헌 양

---

52) William of Ockham, *In I sent.*, dist. 27, q. 3. "이 박사[아우레올루스]의 말에 대해서 나는 별로 알지 못했다. 그의 말에 주목해 숙고했던 시간을 다 합해본들 하루가 채 되지 않을 것이다. 나는 이 책[명제집주해] 1권의 거의 모든 내용을 여기서 인용한 의견을 알기 전에 저술했다"(Ueberweg, 같은 책, pp.574 이하에서 재인용).

식에 특징적인] 'quaestiones'라고 말해도 무방할 것이다——를 통해 대략적으로나마 설명하고 싶다. 내가 말하려는 세 가지 문제는 대성당 서쪽 파사드의 장미창, 채광창 아래 벽의 조직, 그리고 네이브 피어의 형태다.

59

우리가 아는 한, 쉬제가 아마도 보베의 생-에티엔 대성당 북쪽 트랜셉트에 있는 웅장한 본보기에 감명을 받아 생-드니 대성당의 서쪽 파사드에 그 모티프를 도입하기로 결정하고 웅장한 부정(Non)을 그 아래의 커다란 창이라는 긍정(Sic) 위에 겹쳐놓기까지〈도판-30〉, 서쪽 파사드에는 장미창이 아닌 보통의 창이 뚫려 있었다. 이 혁신을 더 발전시키는 일은 커다란 난점들에 가로막혀 있었다.[53] 만일 장미창의 지름이 상대적으로 작은 상태로 또는 상리스에서처럼 심지어 축소된 상태로 있었다면, 어색하고 '비고딕적' 벽체 공간이 창 아래뿐 아니라 창 양편에도 남아 있었을 것이다. 만일 장미창이 네이브의 전체 너비에 가깝게 확장되었다면, 장미창은 내부에서 보았을 때 네이브 볼트들과 갈등을 일으키는 양상을 보였을 것이고 건물 외면상으로는 파사드의 버트레스들 간의 가능한 한 넓은 간격을 요구하게 되어서, 결과적으로 측면 현관에 할애되는 공간을 불편하게 축소해버리고 말았을 것이다. 이런 문제는 접어두고라도, 독립적인 원형의 단위라는 바로 그 개념 자체가 고딕 취향의 이상 일반과 갈등을 일으켰으며, 특히 내부 구조의 충분한 재현이라는 고딕 파사드의 이상과 갈등을 일으켰다.

---

53) H. Kunze, *Das Fassadenproblem der französischen Früh- und Hochgotik*, Strassburg, 1912를 볼 것.

60

노르망디, 그리고 극소수의 예외가 있기는 하지만 잉글랜드가, 그 이상(idea) 전체를 분명히 거부하고 가용 공간을 가득 채울 때까지 전통적인 창을 넓혔다는 것은 별로 놀랄 만한 일이 아니다(반면 이탈리아는 근본적으로 반反고딕적인 성향 때문에 열광적인 태도로 장미창을 반기는 특징을 보였다).[54] 그러나 왕령(王領)과 샹파뉴 지역 건축가들은 생-드니라는 권위에 의해 인가된 어떤 모티프를 받아들여야 한다고 느꼈으니, 그들이 맞닥뜨린 곤혹스러움을 관찰하는 것은 흥미진진한 일이다.

61

노트르담〈도판-31〉의 건축가는 오분식 네이브를 가지고 있었다는 점에서 행운아였다. 그는 정직하게 이 사실을 무시하지 않으면서도, 과감하게 중앙 부분에 비해 좌우 부분이 넓은 삼분식 파사드를 지었는데, 이로써 모든 문제는 간단히 해결되었다. 망트(Mantes)의 장인은 버트레스 사이의 거리를 네이브의 너비보다 현저히 좁게 (기술적으로 가능한 한에서 좁게) 만들어야 했다. 그러나 그렇게 한 후에도 측면 현관을 위한 공간은 전혀 충분하지 않았다. 충분한 크기의 장미창과 여유 있는 측면 현관을 원했던 랑의 장인은 한 가지 속임수에 기대기로 했다. 즉, 그는 버트레스를 갈라놓음으로써 장미창의 틀을 형성하는 상부들보다 중앙 현관의 틀을 형성하는 하부들이 더 좁아지도록 했다. 그리고 현관

---

54) 독일에서는 일반적으로 서쪽 파사드의 장미창을 좋아하지 않았으며(쾰른과 대조를 보이는 슈트라스부르크와 그 영향권은 예외다), 민덴, 오펜하임, 브란덴부르크의 성 카타리나 성당에서 볼 수 있듯, 홀 형태 성당의 세로로 긴 벽에 장미와 창의 조합 구조를 수용했다.

(porch)의 거대한 무화과잎 장식으로 그 갈라진 부분을 감추어버렸다〈도판-32〉. 아미앵의 장인들은 지나치게 협소한 형태의 네이브 때문에 결국 장미창과 현관의 공간을 채우기 위한 두 개의 갤러리(왕들의 조각상이 있는 갤러리와 조각상이 없는 갤러리)가 필요했다〈도판-33〉.

62

생-니케즈에서 정점에 도달하는 랭스 학파는 1240~50년대에 이르러서야 '최종적' 해결을 발견했다〈도판-34, 35〉. 장미 모양은 거대한 창의 뾰족한 아치 안에 새겨졌고 이로써, 말하자면 융통성을 갖게 되었다. 장미창은 볼트와 갈등을 일으키지 않기 위해서 더 낮게 위치할 수도 있었고, 장미창 밑의 공간은 중간 창틀(mullion)과 유리로 채워질 수도 있었다. 전체적인 배열은 네이브의 단면도를 반영하고 있었지만, 그럼에도 창은 창으로, 장미 모양은 장미 모양으로 존재했다. 생-니케즈 대성당의 창과 장미 조합은 랭스 대성당에서 처음 관찰할 수 있는 양분된 막대형 석재 트레이서리(bar tracery) 창〈도판-36〉의 단순한 확장으로 생각될 수도 있겠으나, 사실은 그렇지 않다. 이런 종류의 창에서, 개구부(開口部) 위에 얹혀 있는 원형 요소는 장미 모양과 달리 원심적 형태가 아니라 구심적 형태이다. 말하자면, 그것은 중심에서 바퀴살들이 뻗어 나가는 바퀴가 아니라, 테두리에서 수렴해 들어오는 돌출 접점(cusp)을 지닌 원형이다. 위그 리베르지에는 이미 존재하는 모티프를 단순히 확대하는 것으로써는 결코 해결책에 도달하지 못했을 것이다. 그의 해결책은 '~라고 생각된다'와 '그러나 반대로'의 진정한 화해이기 때문이다.[55]

63

로마네스크 양식이 제기한, 채광창(clerestory) 아래 벽의 조직이라는 문제와 관련해서는—적어도 그 벽이 독립적으로 채광되는 참된 형태의 갤러리에 의해 제거된 경우가 아니라면—크게 두 가지 대조적인 해결이 존재했다. 하나는 이차원적 평면과 수평적 연속성을 강조하는 것이었고, 다른 하나는 깊이와 수직적 분절을 강조하는 것이었다. 먼저, 캉의 성-삼위일체 성당〈도판-37〉, 생-마르탱-드-보세르빌(St. Martin de Boscherville), 르 망(Le Mans), 클뤼니-오텅(Cluny-Autun) 유형의 성당들처럼 균등한 공간을 차지하는 소규모 벽면 아치들을 연속적으로 배열함으로써 벽에 생동감을 줄 수 있었다. 다른 한편, 몽-생-미셸(Mont St. Michel), 클뤼니(Cluny)의 나르텍스, 상스〈도판-38〉 등에서 볼 수 있듯이, 측면 아일 위 지붕 공간으로 이어지는 주요 아치의 반복(대부분 베이 bay마다 두 개씩이며, 이른바 죽은 창dead window을 구성하기 위해 소 원주에 의해 다시 분할되어 있음)에 의해 벽에 생동감을 줄 수도 있었다.

64

1170년경 누아용에 도입된 참된 형태의 트리포리움〈도판-39〉은 이 두 가지 유형을 처음으로 종합했다. 즉, 그것은 수평적 연속성을 그늘이 진 깊이에 대한 강조와 결합시켰다. 그러나 베이 내부의 수직적 분절은

---

55) 리베르지에의 해결책은 대형 장미창이 첨두아치 안쪽으로 들어와 있는 랭스 대성당의 트랜셉트들(1241년 이전)에서 영감을 받은 것임에 틀림없다. 그러나 랭스 대성당의 트랜셉트에서는, 아직 전체가 하나의 '창'을 구성하지는 않는다. 장미창 위와 아래에 있는 삼각소간(三角小間, spandrels)은 아직 유리로 되어 있지 않으며, 장미창과 그 아래 창 사이의 수직적 연결도 존재하지 않는다.

전적으로 억압되었는데, 이는 채광창이 두 개의 빛으로 나뉘기 시작하는 것 같은 더욱 강렬한 느낌을 줄 수밖에 없었다. 그리하여 랭스의 생-르미(St. Remi) 성당의 성가대석과 샬롱-쉬르-마른(Châlons-sur-Marne)의 노트르담-앙-보(Notre-Dame-en-Vaux) 성당〈도판-40〉에서 주신(shaft) 또는 주신들(생-르미에는 두 개, 샬롱에는 한 개)은 트리포리움의 하부 가로대(ledge)에서 채광창으로 곧장 올라가, 창문의 틀 구실을 하고 트리포리움 자체를 삼등분 또는 이등분한다. 그러나 이러한 해결은 세기 전환기 샤르트르〈도판-41〉와 수아송에서뿐 아니라 랑〈도판-18〉에서도 거부된다. 갤러리는 영원히 사라지고 창문들의 두 빛은 하나의 이분식 평판 트레이서리 창으로 합쳐지는 이 최초의 전성기 고딕 양식 성당들에서, 여전히―또는 차라리 다시금―트리포리움은 완벽하게 균등한 소원주들에 의해 나뉘는 완벽하게 균등한 틈(interstices)으로 구성된다. 여기서는 수평적 연속성이 지배적 기조를 이루는데, 돌림띠(string courses)가 벽 주신(wall shaft)과 겹쳐지기 때문에 더욱 그러하다.

65

이 엄격한 수평주의에 대한 반작용이 랭스에서 일어난다. 거기서 트리포리움 베이의 수직축은, 상부의 중간 창틀에 대응할 수 있도록 두껍게 만든 중앙 소원주에 의해 강조된다〈도판-42〉. 이러한 강조는 매우 조심스럽게 이루어져서, 현대의 방문자들은 간과하기 쉽다. 그러나 [랭스 대성당을 건축한] 장인의 동료들은 혁신을 감지했고 그 중요성을 자각하고 있었다. 비야르 드 온쿠르는 자신이 스케치한 랭스 대성당 내부 입면도에서 중앙 소원주의 다소 두꺼운 비율을 누구나 한눈에 알아챌 수밖에 없을 정도로 과도하게 늘려버렸다〈도판-43〉.[56] 랭스에서 단지 암시에 불과했던 것이 아미앵에서는 명시적이고 단호한 진술로 나타난다〈도판-44). 여기서 트리포리움 베이는 뚜렷하게 두 개로 분할된다. 이는 샬롱-쉬르-마른에서 나타났던 사례와 같고, 더 초기의 발전 단계에서는 상스에서 나타났던 사례와도 같다. 즉, 트리포리움 베이는 다발형 피어로 변형된 중앙 소원주—소원주의 주된 주신(main shaft)은 가운데 중간 창틀과 연결된다—에 의해 두 개의 독립된 단위로 쪼개진 것이다.

66

그러나 아미앵의 장인들은 트리포리움의 개념을 거의 통째로 부정해 버렸다. 즉, 그들은 모든 베이를 각각 두 개의 '블라인드 창'으로 나누었고, 소원주들의 규칙적 반복을 변형하여 소원주와 다발형 피어라는 종류가 다른 구성 요소(member)들이 교대로 늘어서도록 만들었다. 수직적 분절에 대한 이러한 과도한 강조에 맞서는 반작용이라도 일으키려는 듯, 그들은 트리포리움의 인터벌(rhythm)을 단축시켰으며, 그것을 채광창의 주기성에서 독립시켰다. 하나의 트리포리움 베이를 구성하는 두 개의 '블라인드 창' 각각은 세 부분으로 나뉘는 반면, 하나의 채광창을 구성하는 두 개의 빛 각각은 둘로 나뉜다. 또한 하부 돌림띠를 꽃무늬 장식으로 세공함으로써 수평적 요소는 더욱 강조된다.

67

'나는 다음과 같이 말해야 한다고 답한다'라는 최종 발언은 피에르 드 몽테로의 몫이었다. 수아송과 샤르트르에서 그러했듯이, 생-드니의 트

---

56) Villard de Honnecourt, *Kritische Gesamtausgabe*(H. R. Hahnloser, ed.), Vienna, 1935, pp.165 이하, 삽도 62.

리포리움〈도판-45〉에서는 동일한 종류의 구성 요소에 의해 분할된 네 개의 균등한 개구부가 연속적으로 반복된다. 그러나 이제—여기서 아미 앵의 영향이 나타난다—이 구성 요소들 모두는 소원주가 아니라 다발형 피어이다. 중앙에 있는 피어가 나머지 피어들보다 더 튼튼한데, 이 모두는 사분식 창으로 뻗어 올라간다. 중앙에 있는 피어는 첫 번째 중간 창틀과 연결된 세 주신을 통해서 사분식 창으로 올라가며, 나머지 피어들은 두 번째 중간 창틀과 연결된 하나의 주신을 통해서 사분식 창으로 올라간다. 피에르 드 몽테로의 트리포리움은 유리를 끼운 최초의 트리포리움일 뿐 아니라, 샤르트르와 수아송(또는 캉의 성-삼위일체 성당과 오텅이라고 해도 좋다)의 긍정과 아미앵(또는 샬롱-쉬르-마른과 상스라고 해도 좋다)의 부정을 완벽하게 화해시킨 최초의 사례다. 이제야 마침내 거대한 벽 주신이 트리포리움의 수평적 연속성을 해칠 염려 없이 돌림띠를 두를 수 있게 되었다. 그리고 이것은 우리의 '문제들' 중 마지막 문제, 즉 네이브 피어의 구조라는 문제를 낳는다.

68

내가 아는 한, 참된 형태의 필리에 캉토네는 샤르트르 대성당(1194년에 건축 시작)에서 최초로 나타났다. 그러나 그곳에서 필리에 캉토네는 더 이상 원통형 중심주(中心柱, cylindrical core)와 원통형 소원주라는 동질적 요소들로 구성되지 않으며, 그 대신 원통형 중심주와 팔각 소원주의 조합, 그리고 원통형 소원주와 팔각 중심주의 조합을 번갈아가며 보여준다. 이 후자의 모티프는 샤르트르의 장인이 당시 프랑스와 네덜란드 접경 지역에서 시작되어 캔터베리 대성당의 성가대석에 가장 중요한 흔적을 남겨놓은 어떤 운동을 익히 알고 있었음을 말해주는 것 같다. 1174년부터 1178년까지 [캔터베리 대성당 재건축의] 장인이었던 윌리엄 상스(William of Sens)는, 잉글랜드에서는 열광적으로 수용되었으나 프랑스에서는 거의 사용된 적이 없는, 당시 유행한 어떤 테마의 갖가지 변형을 마치 장난처럼 고안하는 일에 몰두했다. 당시 유행한 것은, 어두운 빛깔의 대리석으로 만들어진 완전히 분리된 일체형 주신과 밝은 빛깔의 석조물 중심주가 생생하게 대조를 이루는 피어의 테마였다.[57] 윌리엄 상스는 말하자면 이 장식적 피어 유형의 견본 카드라고 부를 만한 것들을 만들어 냈던 것인데, 그중 하나는 샤르트르의 교대식 받침기둥(alternate support)과 마찬가지로 팔각 중심주와 원통형 주신으로 구성되어 있었다〈도판-46, 54〉.

69

샤르트르의 장인은 이 아이디어를 차용했지만, 전혀 다른 태도로 발전시켰다. 그는 분리된 일체형 주신을 평범한 석조물로 구성된 붙박이 소원주로 다시 변형했으며, 피어의 모든 두 번째 쌍에서 원통형 중심주를 팔각 중심주로 대체했다. 그는 무엇보다도, 필리에 캉토네를 흥미로운 변형태가 아니라 전체 체계의 기본 요소로서 받아들였다. 그리고 매력적이기는 하지만 그다지 논리적이지는 않은, 소원주와 중심주 사이의 형태상 차이를 제거하는 것이 랭스의 첫 번째 장인이 해야 했던 일의 전부였다.

70

이 완성된 형태에서, 필리에 캉토네는 본래 각이 있는 요소들(물매

---

57) J. Bony, "French Influences on the Origins of English Gothic Architecture," *Journal of the Warburg and Courtauld Institutes*, XII, 1949, pp.1 이하, 특히 pp.8 이하 참조.

splaying나 피어)에만 적용되었던 소원주를 원통형 중심주와 결합된 모습으로 보여준다는 점에서, 그 자체로 긍정(Sic)과 부정(Non)의 해결을 의미한다. 그러나 초기 유형의 트리포리움이 수평적 연속성을 위해 수직적 분절을 억압하는 경향이 있었던 것처럼, 초기 유형의 필리에 캉토네 역시 '벽'보다는 기둥으로서 존속하려는 경향이 있었다. 복합 피어에서는 네이브를 마주 보는 소원주가 볼트가 시작되는 부분까지 솟구쳐 닿아 있었던 반면, 필리에 캉토네는 원주처럼 끝에 주두(柱頭)를 가지고 있었다. 이것이 야기한 문제들이 [그 후] 지그재그식 발전을 낳게 되었으니, 이와 유사한 발전을 우리는 트리포리움을 처리하는 방식에서도 관찰할 수 있었던 것이다.

71

첫째, 고딕 주두는 주신 높이보다는 지름에 대해 그 비율이 정해지기 때문에,[58] 커다란 주두 하나(기둥 중심의 주두)와 작은 주두 네 개(소원주의 주두)의 결합이 발생하게 되었다. 둘째(이것이 더 중요하다), 피어들이 단일 원통형으로 존재했을 때에 그러했듯이, 볼트에 닿은 세 개 또는 심지어 다섯 개의 벽 주신들이 주두 위에서 새롭게 시작되었다. 그리고 이것은 적어도 중앙 벽 주신과 내가 '네이브 소원주'(nave colonnette)라고 부르는 것(즉, [피어의 소원주 중에서] 측면 아일이나

---

58) 예컨대 A. Kingsley Porter, *Medieval Architecture*, New Haven, 1912, II, p.272를 볼 것. 생-마르탱-드 보세르빌이나 생-에티엔-드-캉(갤러리)에서 그러하듯, 이 원리는 간혹 로마네스크 구조물에도 이미 적용된 바 있다. 그러나 이 원리가 '표준'이 된 것은, 세 가지 상이한 두께가 세 가지 상이한 크기의 주두에 의해 '표현'된 상스 대성당 이후인 것 같다. 물론 상스 대성당에서도, 여러 인접 주두 간의 통일성을 보존하기 위해서 두께의 차이라는 덜 중요한 요소를 무시하려는 경향은 여전히 존재했다.

이웃하는 피어가 아니라 네이브를 마주 보는 피어의 소원주) 사이의 시각적 연결을 확보하기 위해 필수적인 요소가 되었다. 샤르트르의 장인은 중앙 벽 주신의 지반에까지 이르는 '네이브 소원주'의 주두를 생략하는 것으로 [벽 주신들] 끝의 마무리를 모색하였다〈도판-47, 55〉. 랭스의 장인들은 이러한 과정을 좇지 않고 초기 형태로 돌아가서[59] '네이브 소원주'가 주두를 갖도록 놓아두었으며, 그 대신 다른 문제, 즉 주두들의 높이가 일정치 않다는 문제에 관심을 집중했다. 그들은 이 문제를 각각의 소원주에 두 개의 주두를 배당하여 해결했다. 즉, 피어 주두와 높이가 같은 주두에 또 하나의 주두를 올려놓았던 것이다〈도판-48, 56〉.[60]

72

반면에 아미앵은 샤르트르 유형으로 돌아갔다. 그러나 '네이브 소원주'의 주두뿐 아니라 중앙 벽 주신의 기반 역시 제거해서 '네이브 소원주'가 샤르트르와는 달리 중앙 벽 주신의 기반뿐 아니라 중앙 벽 주신 자체에까지 이어지도록 했다는 점에서〈도판-49, 57〉, 아미앵은 [샤르트르와] 동일한 방향으로 나아가되 한 걸음을 더 내딛었다. 보베의 더 오래된 피어들은 일반적으로는 아미앵의 피어와 닮았지만, 중앙 벽 주신에 기반을 재건해준다는 점에서 아미앵 이전의 전통으로 돌아간다. 이렇게 해서 재차 발생한 수직적 일관성의 침해는 장식 잎사귀들에 의해 더욱 강조

---

59) 수아송이나 생-뤼-데스랑 같은 곳에서 우리는 본원적인 캔터베리 유형으로 돌아가려는 좀더 강력한 경향을 관찰한다. 피어 주두의 반 정도 높이인 각자의 개별 주두를 갖는 '네이브 소원주'라는 유형이 그것이다.

60) 이러한 해결은 서쪽 현관의 큰 소원주와 작은 소원주의 주두에도 적용된다. 그리하여 [랭스 대성당의] 서쪽 현관은 아미앵 대성당의 서쪽 현관과 인상 깊은 대비를 보여준다.

된다〈도판-58〉.

73

그러나 보베의 성가대석이 지어졌을 때, 피에르 드 몽테로는 복합 피어를 과감하게 부활시킴으로써 고르디우스의 매듭을 이미 끊어놓은 후였다. 커다란 피어 주두와 단독의 '네이브 소원주'가 더 이상 존재하지 않게 되었다는 점에서, 복합 피어의 부활은 모든 난점의 해결을 의미했다〈도판-50, 59〉. 주 볼트가 필요로 하는 세 개의 높은 주신은 바닥에서 홍예 시작 부분(springing)까지, 네이브 아케이드의 주두를 곧장 뚫고서 어떤 방해도 없이 나아갈 수 있었다〈도판-22〉. 그러나 피에르 드 몽테로는 이것을 긍정(Sic)과 조화시키기보다 부정(Non)을 지지했다. 그는 현명하게도 피어라는 부차적 문제를 전체적 체계라는 주요 문제에 종속시켜서, 앞에서 언급한 바 있는,* 피어의 중심에 의한 네이브 벽의 온당한 '표현'을 포기하는 대신 차라리 원주의 원칙(columnar principle)을 희생시키는 쪽을 선택했다〈도판-52〉. 이 문제에서, '나는 다음과 같이 말해야 한다고 답한다'(respondeo dicendum)라고 말한 사람은 프랑스에서 교육받은 쾰른의 장인이다. 그는 네 개의 주신을 가진 아미앵의 원통형 필리에 캉토네를 피에르 드 몽테로가 고안한 복합 피어의 높고 연속

---

* 제41 단락을 참조할 것

61) 필리에 캉토네의 개념에 연속적 주신을 적용한 유사한 사례는 보베의 후기 피어들(1284년 이후), 세(Séez)의 피어들(1260년경), 위이(Huy)의 후기 피어들(1311년 이후)에서 관찰할 수 있다. 그러나 뒤의 두 사례에서는, 마치 연속적 주신의 아이디어가 (네 개의 소원주가 있는) 보통의 필리에 캉토네가 아니라 (하나의 소원주만 있는) 수아송의 피어와 결합되기라도 한 것처럼, 아케이드와 측면 아일에 접하는 소원주들이 생략되어버린다. 이 책의 주31 참조.

적인 주신들 그리고 작은 소원주들과 결합시켰다.[61] 그러나 그는 그렇게 함으로써 네이브 벽과 받침기둥들 사이의 논리적 대응을 희생시켰다. 도해에서 보듯이, 네이브 벽의 평면도는 피어 중심의 평면도와 일치하는 것이 아니라 자의적으로 교차하고 있다〈도판-53〉.

74

조심스러운 독자는 이 모든 것에 대해, 왓슨 박사가 셜록 홈스의 계통 발생 이론에 대해 갖는 그런 느낌('그것은 비현실적 공상이야')*이 들지도 모른다. 그리고 어쩌면 여기서 내가 묘사한 발전이 헤겔의 '정반합' 도식에 따른 자연스러운 전개 과정 그 이상도 이하도 아니라고 반론을 제기할 수도 있을 것이다. [그렇게 생각할 사람들에 따르면] 헤겔의 '정반합' 도식은 프랑스 중심부에서 진행된 초기에서 전성기에 이르는 고딕 양식의 전개 과정에 적용될 뿐 아니라 그와 마찬가지로 그 밖의 다른 발전 과정들(예컨대 1400년대 플로렌스 회화의 발전이나 심지어 예술가 개인의 발전)에도 적용될 수 있을 것이다. 그러나 프랑스 고딕건축의 발전 과정에는 그것과 비교되는 여타의 현상들과 분명히 구별되는 특징이 존재한다. 첫째는 특출한 일관성이며, 둘째는 '~라고 생각된다' (videtur quod), '그러나 반대로'(sed contra), '다음과 같이 말해야 한다고 나는 답한다'(respondeo dicendum)는 원리가 철저히 의식적으로 적용되었다는 사실이다.

---

* 코난 도일이 1903년 출간한 『빈집의 모험』(*The Adventure of the Empty House*)에 나오는 구절.

75

13세기 프랑스에서 적어도 일부 건축가들이 실제로 엄밀한 스콜라철학의 관점에서 사고하고 작업했다는 것을 보여주는 증거가 하나 있다. 이 증거는 분명 잘 알려져 있기는 하지만, 이 특수한 관점에서는 아직 고찰된 적이 없다. 즉, 비야르 드 온쿠르의 '앨범'에서 우리는 어떤 '이상적인' 슈베의 평면도를 발견할 수 있는데, 그것은 약간 후대에 기입된 '상호간 토론을 통해'(*inter se disputando*)라는 문구로 보건대 비야르 드 온쿠르가 피에르 드 코르비(Pierre de Corbie)라는 또 다른 장인과 함께 고안한 것이다〈**도판-60**〉.[62] 그렇다면 우리는 여기서 어떤 문제(quaestio)를 논의하는 두 명의 전성기 고딕 양식 건축가와, 담화하다(colloqui)나 숙고하다(deliberare) 등등의 용어가 아니라 [유독] 토론하다(disputare)라는 스콜라철학의 특수한 용어로써 그 논의를 지칭하고 있는 세 번째 인물을 만나게 되는 것이다. 이 토론(disputatio)의 결과는 무엇인가? 말하자면, 가능한 모든 긍정(Sics)과 모든 부정(Nons)을 결합한 슈베다. 슈베는 거의 동일한 깊이를 지닌 완전히 발전된 제실들의 연속된 반원부와 이중 회랑을 결합시킨다. 이 제실들의 평면도는 반원형과 시토 수도원풍의 정방형을 번갈아 보여준다. 통상적으로 그러했듯 정방형 제실이 독립적인 볼트를 갖는 반면, 반원형 제실은 수아송과 거기서 파생된 다른 곳에서 그렇듯 외부 회랑의 인접 구역과 하나의 쐐기돌 아래로 모이는 볼트를 가지고 있다.[63] 여기서 스콜라철학의 변증론은 건축적 사고를

---

62) Villard de Honnecourt, 앞의 책, pp.69 이하, 삽도 29; "이 도안은 울라르두스 데 후네코르트(Ulardus de Hunecort, Villard de Honnecourt)와 페트루스 데 코르베이아(Petrus de Corbeia, Pierre de Corbie)가 서로 토론하여 고안했다"라는 문구는 "장인 2"(Master 2)라고 알려진 비야르의 제자가 기입한 것이다.

스스로 더 이상 건축적이기를 포기하는 그런 지점까지 몰고 간 것이다.

---

63) 독립적 볼트를 지닌 제실, 그리고 외부 회랑의 인접 구역과 하나의 쐐기돌 아래로
모이는 볼트를 지닌 수아송식 제실이 교대로 나타나는 단 하나의 사례는, 피상적
으로 유사한 사례이긴 하지만, 샤르트르에서 관찰할 수 있다. 샤르트르에서 이러
한 배치는, 깊이가 있고 넓게 독립된 세 개의 제실을 갖춘 11세기의 건물 기초를
재활용해야 하는 필요성 때문에 생겨났다. 그러나 샤르트르에서 수아송식 제실은
실상 외부 회랑의 작은 돌출부 이상도 이하도 아니며, 그래서 일곱 개의 쐐기돌 전
부가 동일한 시계(視界, perimeter)에 위치하는 것도 가능했을 것이다. 비야르 드
온쿠르와 피에르 드 코르비의 이상적 평면도에서, 제실들은 완전히 발전된 단위
이며, 제실의 쐐기돌들은 외부 회랑 인접 구역의 중앙이 아니라 주변에 위치한다.

도판

"권위들이 종종 서로 충돌한다는 사실, 심지어는
성경의 구절들조차도 서로 충돌한다는 사실은 그냥 무시하고
지나칠 수 있는 성질의 것이 아니었다.
유일하게 가능한 출구는, 상충되는 권위들을 똑같이 받아들이고
해석과 재해석을 거듭하여 결국 그것들이 화해에
도달하게 만드는 길뿐이었다."

<도판-1>
위그 리베르지에(1263년에 죽음)의 묘지석. 랭스 대성당.

〈도판-2〉
오팅 대성당, 서쪽 현관. 1130년경.

146

<도판-3>
파리, 노트르담, 서쪽 파사드의 중앙 현관
(상당 부분은 복원된 모습임). 1215년경~1220년경.

〈도판-4〉
생-마르탱-데-샹(St. Martin des Champs) 수도원에 특전을
부여하는 프랑스의 앙리 1세. 1079년에서 1096년 사이에 제작된 책의 채식.
London, Britich Museum, ms. Add. 1162, fol. 4.

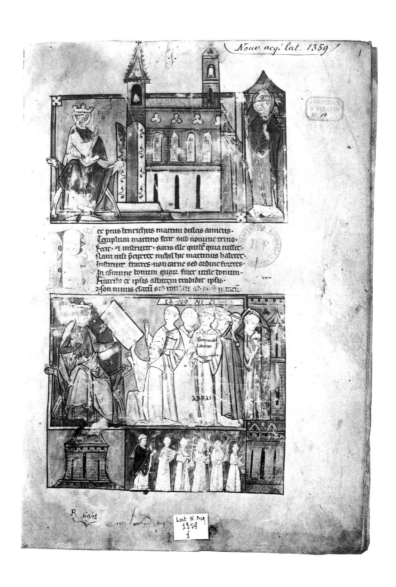

〈도판-5〉
생-마르탱-데-샹 수도원에 특전을 부여하는
프랑스의 앙리 1세. 1250년경 제작된 책의 채식.
Paris, Bibliothèque Nationale, ms. Nouv. Acq. lat. 1359, fol. 1.

〈도판-6〉
생-마르탱-데-샹 수도원에 특전을 부여하는 프랑스의
필리프 1세. 1079년에서 1096년 사이에 제작된 책의 채식.
London, Britich Museum, ms. Add. 1162, fol. 5v.

150

〈도판-7〉
생-마르탱-데-샹 수도원에 특전을 부여하는 프랑스의
필리프 1세. 1250년경 제작된 책의 채식.
Paris, Bibliothèque Nationale, ms. Nouv. Acq. lat. 1359, fol. 6.

〈도판-8〉
마리아 라흐(Maria Laach), 북서 지방의 대수도원 성당. 1093~1156.

〈도판-9〉
피르나(작센 지방), 마리아 성당, 내부. 1502년 건축 시작.

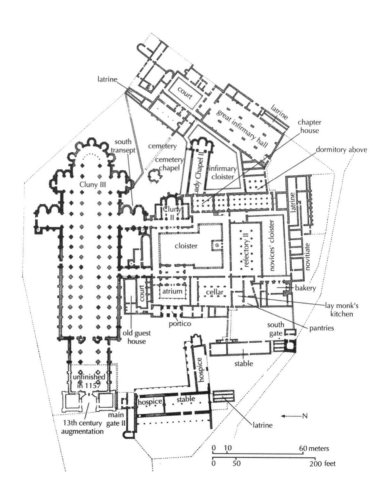

latrine
court
latrine
great infirmary hall
chapter house
south transept
cemetery
cemetery chapel
Lady Chapel II
infirmary cloister
dormitory above
Cluny III
Cluny II
latrine
cloister
refectory II
novices' cloister
novitiate
court
atrium
cellar
bakery
lay monk's kitchen
portico
south gate
pantries
old guest house
stable
unfinished in 1157
hospice
13th century augmentation
hospice
stable
main gate II
latrine
N

0 10   60 meters
0   50   200 feet

〈도판-10〉
클뤼니, 제3 대수도원 성당, 평면도, 1088~1120년경;
나르텍스는 1120년경~1150년경(K, J. Conant, "The Third Church of Cluny,"
Medieval Studies in Memory of A. Kingsley Porter, Cambridge, 1939에서 가져옴).

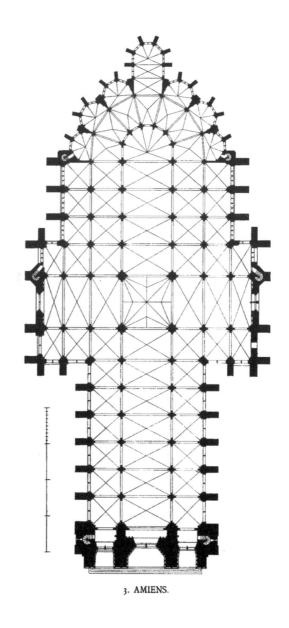

3. AMIENS.

<도판-11>
아미앵 대성당, 평면도. 1220년 건축 시작.

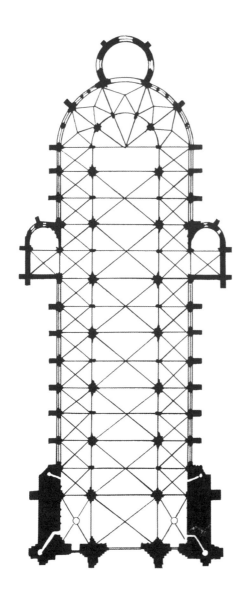

<도판-12>
상스 대성당, 평면도. 1140년경~1168년경 건축됨
(E. Gall, *Die gotische Baukunst in Frankreich und Deutschland*, Leibzig, 1925에서 가져옴).

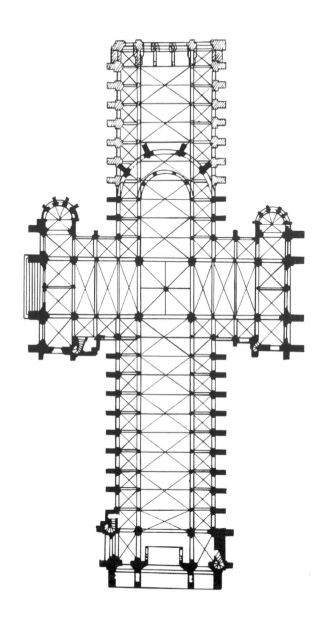

<도판-13>
랑 대성당, 평면도. 1160년경 건축 시작.

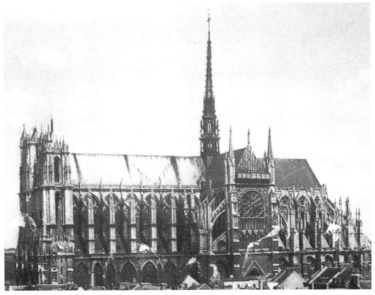

〈도판-14〉랑 대성당(위), 북서 방향에서 본 경관. 1160년경 건축 시작.
〈도판-16〉아미앵 대성당, 북서 방향에서 본 경관. 1220년 건축 시작.

〈도판-15〉
랭스 대성당. 북서 방향에서 본 경관. 1211년 건축 시작.

〈도판-17〉
레세(노르망디 지방), 대수도원 성당, 내부. 11세기 말.

〈도판-18〉
랑 대성당, 성가대석. 1160년경 설계된 입면도에 따라 1205년 이후 건축 시작.

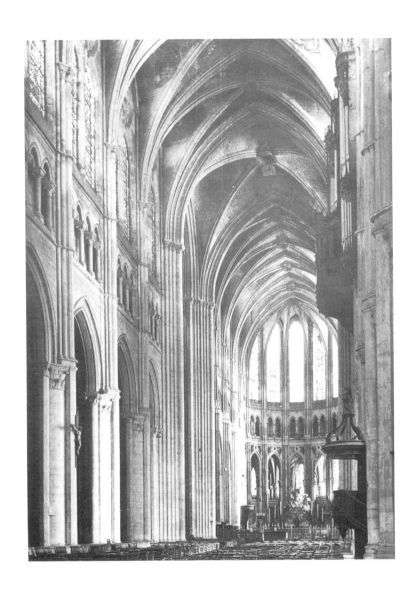

〈도판-19〉
샤르트르 대성당, 네이브, 1194년 직후 건축 시작.

162

〈도판-20〉
랭스 대성당, 네이브. 1211년 건축 시작.

〈도판-21〉
아미앵 대성당, 네이브. 1220년 건축 시작.

<도판-22>
생-드니, 네이브. 1231년 건축 시작.

〈도판-23〉
캉, 생-에티엔, 볼트. 1110년경.

〈도판-25〉
수아송 대성당, 제1차 세계대전으로 파손된 네이브 벽면 일부.
13세기 초.

〈도판-26〉
샤르트르 대성당, 네이브의 부유 버트레스. 1194년 직후 설계.

〈도판-27〉
랭스 대성당, 북쪽 트랜셉트의 오른쪽 문에 있는 마돈나.
1211년경~1212년경.

<도판-28>
더럼 대성당, 숨은 부유 버트레스. 11세기 말
(R.W. Billings, *Architectural Illustrations and Description of the Cathedral of Durham*, London, 1843에서 가져옴).

〈도판-29〉
랭스 대성당, 노출된 네이브 부유 버트레스. 1211년경 설계.

<도판-30>
생-드니, 서쪽 파사드. 1140년 봉헌(A. and E. Rouargue의 판화,
1833~37년에 시행한 복원 작업 이전).

〈도판-31〉
파리, 노트르담, 서쪽 파사드. 1200년 직후 건축 시작,
채광창은 1220년경.

〈도판-33〉
아미앵, 서쪽 파사드. 1220년 건축 시작, 채광창은 1236년 완성,
장미창의 트레이서리는 1500년경 완성.

〈도판-34〉
랭스, 생-니케즈(소실됨), 서쪽 파사드. 1230년경~1263년경.
장미창은 1550년경 복원됨(N. de Son의 1625년 판화).

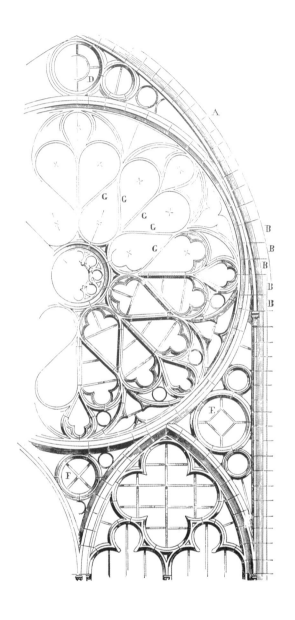

〈도판-35〉
랭스, 생-니케즈(소실됨), 서쪽 파사드의 장미창(부분 재구성).

<도판-36>
랭스 대성당, 네이브 창. 1211년경 설계.

〈도판-37〉
캉, 성-삼위일체 성당, 트리포리움. 1110년경.

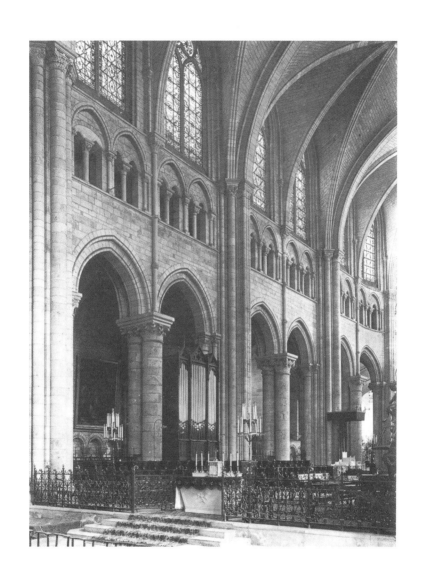

〈도판-38〉
상스 대성당, 트리포리움 갤러리. 1150년경.

⟨도판-39⟩
누아용 대성당, 네이브 갤러리와 트리포리움. 1170년 설계,
동쪽 베이는 1170년에서 1185년 사이에 건축되고 나머지는 그 이후에 건축됨.

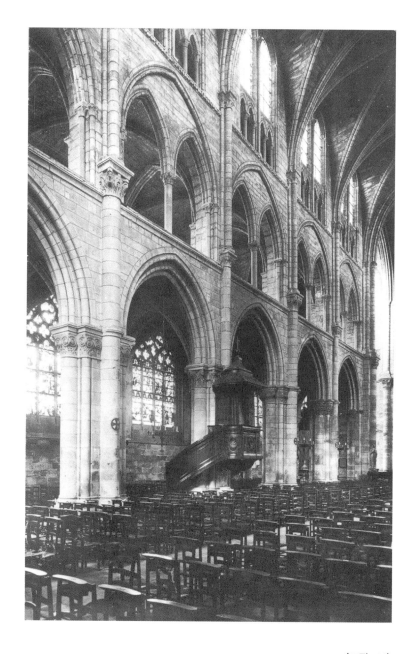

〈도판-41〉
샤르트르 대성당, 네이브 트리포리움. 1194년경 설계.

<도판-42>
랭스 대성당, 네이브 트리포리움. 1211년경 설계.

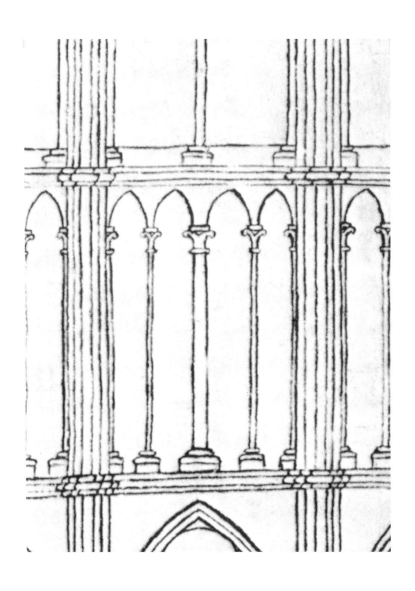

〈도판-43〉
비야르 드 온쿠르, 랭스 대성당의 내부 입면도.
1235년경 드로잉, Paris, Bibliothèque Nationale(부분 확대).

<도판-44>
아미앵 대성당, 네이브 트리포리움. 1220년경 설계.

〈도판-45〉
생-드니, 네이브 트리포리움. 1231년경 설계.

188

〈도판-46〉
캔터베리 대성당, 성가대석 피어. 1174~78.

왼쪽 위부터 시계방향으로
〈도판-47〉 샤르트르 대성당, 네이브 피어 주두. 1194년경 설계.
〈도판-48〉 랭스 대성당, 네이브 피어 주두. 1211년경 설계.
〈도판-49〉 아미앵 대성당, 네이브 피어 주두. 1220년경 설계.
〈도판-50〉 생-드니, 네이브 피어 주두. 1231년경 설계.

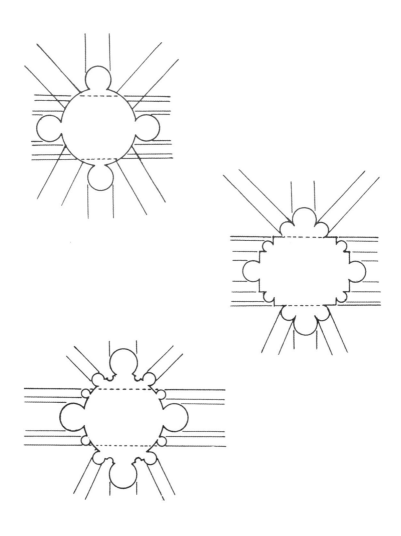

맨 위부터
〈도판—51〉 아미앵 대성당, 벽과 볼트 리브들에 대한 관계를 보여주는 피어 단면도.
1220년경 설계.
〈도판—52〉 생-드니, 벽과 볼트 리브들에 대한 관계를 보여주는 피어 단면도.
1231년경 설계.
〈도판—53〉 쾰른 대성당, 벽과 볼트 리브들에 대한 관계를 보여주는 피어 단면도.
1248년경 설계.

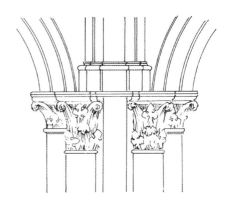

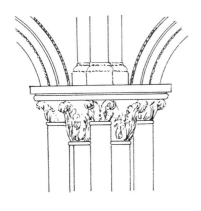

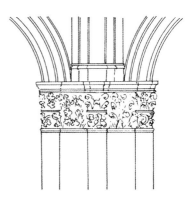

맨 위부터
〈도판-54〉 캔터베리 대성당, 피어 주두. 1174~78.
〈도판-55〉 샤르트르 대성당, 피어 주두. 1194년 직후 설계.
〈도판-56〉 랭스 대성당, 피어 주두. 1211년경 설계.

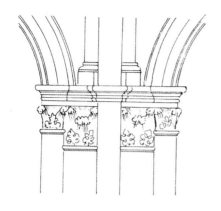

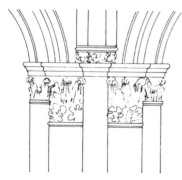

맨 위부터
〈도판-57〉 아미앵 대성당, 피어 주두. 1220년경 설계.
〈도판-58〉 보베 대성당, 피어 주두. 1247년경 설계.
〈도판-59〉 생-드니, 피어 주두. 1231년경 설계.

도판 193

〈도판-60〉
비야르 드 온쿠르, 피에르 드 코르비와 토론하여 작성한 이상적 슈베의 평면도.
1235년경 드로잉, Paris, Bibliothèque Nationale.

에필로그: 파노프스키가 예술작품에서 보는 것은 무엇인가[1]
· 파노프스키가 말하는 작품의 본질적 의미에 대한 해설

파노프스키와 도상해석학

파노프스키는 흔히 '미술사학의 아인슈타인'이라고 불린다. 아인슈타인이 발표한 상대성이론이 물리학의 전통적 패러다임을 뿌리에서 뒤흔들어놓았듯이, 파노프스키는 도상해석학의 방법론을 정초함으로써 미술사학의 지형을 근본적으로 변화시켰기 때문이다. 그가 1939년에 발표한 『도상해석학 연구』는 단순히 저자 개인을 대가의 반열에 올려놓은 저작일 뿐 아니라 미술사학의 역사에 새 지평을 열어놓은 저작으로 평가된다. 그 가장 큰 이유는, 파노프스키가 스승 바부르크(Aby Warburg)에게서 물려받아 자신의 학문적 작업의 정체성을 표현하기 위해 사용하는 명칭, 곧 '도상해석학'(iconolgy)을 개념적으로 정립하는 텍스트가 바로 이 책의 서문이기 때문이다. 잘 알려져 있듯이, 파노프스키는 여기서 예술 작품이 담고 있는 의미를 세 단계로, 즉 자연적 의미(natural

---

1) 이 글은 옮긴이의 논문 「기록으로서의 예술 작품을 어떻게 해석할 것인가」(『철학사상』54, 2014, 서울대 철학사상연구소, 167~200쪽)를 약간 수정한 것이다. 『고딕건축과 스콜라철학』을 파노프스키의 도상해석학 이론의 맥락에서 이해하는 데 도움이 되리라 판단하기에 이 책의 에필로그로 재수록한다.

에필로그: 파노프스키가 예술작품에서 보는 것은 무엇인가 195

meaning), 규약적 의미(conventional meaning), 본질적 의미(intrinsic meaning)로 구분하고, 세 번째 의미를 해명하는 것을 도상해석학의 고유한 과제로 설정한다.[2] 필경 뒤에 가서 제한과 부연을 다시 덧붙일 수밖에 없는 말이겠으나, 나는 이 텍스트가 미술사학의 텍스트이기 이전에 일종의 철학 텍스트라고 생각한다. 그것은 미술사의 구체적 자료 분석에 앞서 그 분석의 관점과 방법에 대한 '개념들의 엄밀하고 근본적인 규정'을 시도한다는 이 텍스트의 형식적 성격 때문만은 아니다. 이 텍스트의 참된 철학적 성격은, 그러한 개념적 성찰 시도의 결과로 나타난 예술 작품의 '본질적 의미'가 결국 종래 미술사학의 탐구 영역을 벗어나 철학의 탐구 영역에 속해 있다는 더 중요한 사실에 근거한다.

파노프스키 자신이 도상해석학자의 작업을 의사의 작업에 빗대고 있음을 염두에 두고 말하자면, 그는 이 텍스트에서 '문화적 징후'로서의 작품의 본질적 의미를 읽어내는 진단학(diagnostics)의 원리를 세우려

---

2) 물론 이 문제의식은 초기 저작들에서부터 조금씩 준비된 것으로서, 특히 1932년 독일어로 발표한 논문("Zum Problem der Beschreibung und Inhaltsdeutung von Werken der bildenden Kunst," *Logos* 21, pp.103~119; 캐멀링(E. Kaemmerling)이 편집한 논문집 *Ikonographie und Ikonologie*, Köln: DuMont [6]1994, pp.185~206에 재수록)에도 비교적 분명한 형태로 제시되어 있다. 이 논문에서 세 의미 단계는 각각 '현상의미'(Phänomensinn), '의미적 의미'(Beudeutungssinn), '본질의미'(Wesenssinn) 또는 '기록의미'(Dokumentsinn)라고 표현된다. 참고로 캐멀링의 논문집은 국내에 번역되어 있다(『도상학과 도상해석학』, 사계절, 1997). 여기서 이 번역서의 다른 부분을 굳이 언급할 필요는 없겠으나, 적어도 파노프스키의 이 논문은 대단히 부정확하게 번역되어서 별로 권하고 싶지 않다.

3) E. Panofsky, *Meaning in the Visual Arts*, Garden City, N.Y.: Doubleday 1955, p.39(국역본, 임산 옮김, 『시각예술의 의미』, 한길사, 2013, 81쪽); 이한순 옮김, 『도상해석학 연구』, 시공사, 2002, 38쪽 참조. 이 글은 1939년의 텍스트가 아니라 1955년 텍스트를 토대로 삼았으며, 이하의 인용 역시 1955년 텍스트(*Meaning*이라고 표기, 관련 한국어 번역본은 역자 이름과 쪽수만 표시)에서 이루어질 것이다. 한국어 번역본들은 자세히 검토하고 참고하였으나, 이 글의 모든 인용은 나 자신의 번역임을 밝혀둔다.

했다고 할 수 있다.[3] 물론 이것은 수많은 실제 작품에 대한 해석이라는 방대한 임상 자료의 축적을 전제로 한다. 또한, 진단 원리의 타당성이 임상적 적용(징후의 발견과 확진)에 의해 검증되어야 하듯이, 도상해석학이 가정하는 본질적 의미 역시 실제 작품 분석에서 입증되어야 한다. 『도상해석학 연구』뿐 아니라, 이 책의 서문을 큰 수정 없이 제1장으로 옮겨 실어놓은 『시각예술의 의미』, 그리고 넓게 보자면 뒤러와 르네상스 미술을 중심으로 한 파노프스키의 방대한 저술 전체가, 사실은 이러한 '적용과 입증'의 과정을 통해 도상해석학을 하나의 타당한 진단학으로 정립하려는 시도였다고 할 수 있다.

이 시도가 20세기 미술사학에 커다란 영향을 미쳤다는 것은 누구도 부인하지 않는 사실이지만, 이 시도의 성패 여부에 대해서는 여전히 논란이 존재한다. 파노프스키에 대한 대표적인 비판은, 그가 말하는 도상해석학이 결국은 예술 작품의 의미를 특정한 문헌과 연결시켜 이해하는 작업에 불과하다는 것이다. 즉, 작품에 드러나는 시각적 모티프나 상징적 이미지의 의미를 해석하는 일이야 이미 기존의 도상학이 얼마든지 해온 작업이었는데, 파노프스키는 다만 자신의 광범위한 문헌적 지식을 토대로 모티프와 이미지의 유래를 좀더 철저히 밝혀내는 일을 했을 뿐이라는 것이다.[4] 만일 그렇다면 파노프스키가 도상해석학의 탐구 대상으로 설정한 작품의 '본질적 의미'라는 것은 도상학의 탐구 대상인 작품

---

4) 이런 의미에서 신준형은 파노프스키의 도상해석학적 작업들이 "결국은 그림의 특정한 모티프가 어떤 문헌에서 유래했는지를 지적하는데서 끝나곤 했다"고 말하며 그 한계를 지적하려 한다. 신준형, 『파노프스키와 뒤러』, 시공사, 2004, 37, 38쪽 참조. 파노프스키의 방법론에 대한 또 다른 비판적 지적들로는 M. Liebmann, "Ikonologie," in: *Ikonographie und Ikonologie*(ed. E. Kaemmerling), pp.301~328, 특히 pp.317f.; L. Dittmann, Zur Kritik der Kunstwissenschaftlichen Symboltheorie, in: *op. cit.*, pp.329~352 특히 pp.336f.; O. Pächt, "Kritik der Ikonologie," in: *op. cit.*, pp.353~376 특히 pp.369f.를 참조할 것.

의 규약적 의미와 근본적으로 구별되는 별개의 의미 단계라기보다는 단지 작품 외적 문헌 자료를 폭넓게 조회하여 한층 더 풍부하게 밝혀진 규약적 의미라고 말해도 무방할 것이다. 결국 파노프스키 도상해석학의 성패를 둘러싼 평가적 논란의 핵심은, 도상해석학이 설정하는 탐구 대상, 곧 예술 작품의 본질적 의미가 과연 학문적으로 유의미한 변별적 대상으로서 존재하는가—더 정확히 말하자면 그 의미의 존재가 입증될 수 있는가—라는 문제라고 할 수 있다.

당연한 말이지만, 본질적 의미가 실제로 존재하는가하는 물음은 먼저 본질적 의미가 무엇인지가 분명히 이해되었을 때 답변 가능하다. 이 글에서 나는, 파노프스키라는 이름 또는 도상해석학이라는 용어와 함께 충분히 소개는 되었으나 아직 만족스럽게 해명되지는 않은 것으로 보이는 이 '본질적 의미'의 의미를 밝혀보고자 한다. 이 글의 의도는 도상해석학에 대한 평가적 논란에 직접 개입하여 어느 한편을 드는 심판의 역할을 하려는 것이 아니라, 이 논란의 바탕에 있는 핵심 개념의 의미를 차분히 되짚어 따져봄으로써 논쟁의 심화에 기여하려는 것이다. 이러한 의도 아래, 이 글은 다음과 같은 순서로 진행된다. 먼저 나는 전체 논의의 토대를 확립하기 위해, 파노프스키가 말하는 자연적 의미와 규약적 의미의 뜻을 일별하고, 본질적 의미에 대한 파노프스키의 기초적 관점과 텍스트상의 진술들을 정리할 것이다(도상해석학의 탐구대상). 이어서『시각예술의 의미』서장에서 제시되는 기록 개념을 실마리로 하여 본질적 의미의 개념을 본격적으로 해명할 것이다(예술작품과 기록의미). 기호와 기록의 개념, 그리고 예술 작품의 정의와 구성 요소에 대한 분석으로 진행되는 이 해명 작업을 통해, 도상해석학의 과제는 예술 작품을 특정한 역사적, 초개인적 세계관의 기록으로 이해하는 것임이 드러나게 될 것이다. 이것은 도상해석학이 일종의 철학적 해석학의 성격을 갖는다는 뜻이거니와, 도상해석학의 이러한 성격에 대한 파노프스키 자신의 설명을 살펴보는 것이 마지막 논의가 될 것이다(해석의 폭력과 해석의 순환).

도상해석학의 탐구 대상: 작품의 본질적 의미

(1) 작품의 '자연적 의미'와 '규약적 의미'

　도상해석학의 탐구 대상인 작품의 본질적 의미를 파노프스키는 어떻게 설명하고 있는가? 잘 알려져 있듯이, 그는 작품 해석의 층위를 셋으로 구별한다. 첫째는 '자연적 의미'의 층위다. 자연적 의미에는 '사실적 의미'(factual meaning, Sachsinn)와 '표현적 의미'(expressional meaning, Ausdruckssinn)가 속하는데, 전자는 우리가 작품 안에서 선이나 색채의 조합으로 이루어진 한갓 형태를 보고 그 형태가 어떤 사물을 나타낸다는 것(또는 형태들의 관계가 어떤 사건을 나타낸다는 것)을 알아챌 때 얻어지는 의미이며, 후자는 여기서 더 나아가 어떤 형태의 표현적 특질을 지각함으로써 그 형태가 나타내는 사물의 상태나 분위기를 알아챌 때 얻게 되는 의미다.[5] 예컨대 선과 색채로 이루어진 어떤 형태를 보고 우리는 그것이 사람을 나타낸다는 것을 알아채며, 처진 어깨나 일그러진 눈살 등 자세나 표정이 표현된 방식을 통해 그 사람이 슬퍼하고 있다는 감정적 내용까지 알아채곤 한다. 그저 형태에 불과한 것이 이러한 의미들의 담지체로 인식되면 우리는 그것을 보통 '모티프'라고 부른다. 작품의 모티프를 알아보는 일은, 그 모티프를 형성하는 자연적 대상을 익히 접해본 사람이라면 원칙적으로 누구나 할 수 있다. 물론 과거의 작품을 보며 실제로 이 일을 실수 없이 해내려면, 단순히 대상에 익숙해야 할 뿐 아니라 양식사(history of style)를 조회해봄으로써 특정 시대에 어떤 사물이 어떤 형태로 표현되었는지에 대한 지식을 가지고 있어야 한다.

---

5) *Meaning*, p.26(임산 68, 이한순 26) 참조.

동일한 사물이나 사건이 시대와 장소에 따라 사뭇 다른 방식으로 표현되는 일이 얼마든지 있기 때문이다. 이런 의미에서 우리는 파노프스키를 따라, 작품의 자연적 의미에 대한 해석의 원천을 자연적 감각 능력에 기초한 해석자의 풍부한 대상 경험이라고 말할 수 있으며, 해석의 오류를 교정할 수 있는 수단을 양식사라고 말할 수 있다.[6]

그런데 작품 안의 자연적 의미를 읽어내는 일, 즉 작품 안의 형태적 현상을 이러저러하게 기술하는 일은 본격적인 학문적 작업이라고 할 수 없다. 미술사 연구자는 보통 자연적 의미를 읽어내는 작품 해석의 단계를 넘어서 그 자연적 의미가 문화적 맥락 속에서 획득하는 의미에 주목한다. 현상적 의미가 아니라 그 의미가 의미하는 의미, 즉 더 엄격한 말

---

6) *Meaning*, pp.33~35(임산73~76; 이한순 29~34). 1932년 논문은 하이데거의 용어를 차용하여 자연적 의미에 대한 해석의 원천(Quelle der Interpretation)을 '살아있는 현존재 체험'(vitale Daseinserfahrung)이라고 한다. 여기서 '해석의 원천'이라는 용어는 해석이 비롯되는 주체의 능력이나 소양 정도의 의미를 갖는다. '원천'이라는 말은 이후 영어 텍스트에서 'equipment'라고 표현되는데, 이 역시 단순히 수단이라는 의미가 아니라 해석 수행의 주체라는 의미를 갖는다.

7) 번역어에 대해 잠시 부언하자. 'conventional meaning'에 대한 기존의 통상적 번역어는 '관례적 의미' 또는 '관습적 의미'다. 나는 이 번역어가 잘못된 번역어라고 생각하지는 않는다. 그러나 용어의 보다 근본적인 의미를 드러내기 위해, 나는 '규약적 의미'라는 (다소 철학적인) 번역어를 선택한다. 관습이 자연과 구별되는 까닭을 설명하기 위해서, 우리는 단순히 그것이 관습이기 때문이라고 말하는 것이 아니라 규약에 의해 형성된 인위이기 때문이라고 말해야 한다. 관습을 관습으로 만드는 의미 근거에 주목하려는 것이 이 번역어 선택의 의도이다. 한편, 1932년 논문에서 파노프스키는 '규약적 의미'라는 용어 대신 만족스러운 한국어 번역이 거의 불가능한 'Bedeutungssinn'이라는 용어를 사용한다. 이것은 현상 배후의 차원을 가리키고 예시하는 의미(Bedeutung)로서의 의미(Sinn)라는 뜻인데, 나는 이 용어의 경우 '의미적 의미'라는 다소 융통성 없는 번역을 선택하는 것이 파노프스키의 본의를 충실히 드러내는 거의 유일한 방책이라고 생각한다. 영어 번역자는 이 독일어를 'meaning dependent on content'라고 번역함으로써 조금 다른 길을 간다. "On the Problem of Describing and Interpreting Works of the Visual Arts," trans. by J. Elsner & K. Lorenz, in: *Critical Inquiry* 38(2012), pp.467~482 참조.

뜻에서 의미라고 부를 수 있는 그 의미, 이것이 작품 해석의 두 번째 층위다. 이것을 파노프스키는 '규약적 의미'라고 부르는데,[7] 이것은 예컨대 복숭아를 들고 있는 여성상이 진실성의 의인화를 뜻했던 것처럼, 특정 모티프에 관례적으로 연결되는 개념이나 테마(thema, 논제)를 우리가 파악했을 때 얻게 되는 의미를 말한다. 이러한 의미의 담지체로 인식된 모티프를 우리는 보통 '이미지'라고 부르며, 이미지의 창의적 조합을 이야기(story)나 알레고리라고 부른다.[8] 도상학의 과제는 말하자면 이런 것들의 신원을 확인하는 일, 즉 이런 것들 안에서 드러나는 개념과 테마가 무엇인지를 밝혀내는 일이다. 그러므로 규약적 의미를 해석해내기 위해서 우리는 당연히 개념이나 테마에 관한 지식―독서를 통해 얻든 구전을 통해 얻든, 어쨌든 이러한 지식은 일반적으로 '문헌'에 담겨 있다―을 어느 정도 갖추고 있어야 한다. 그리고 자의적 해석의 위험성을 최소화하기 위해서, 우리는 한 걸음 더 나아가 역사적 발전의 과정에서 특정 개념이나 테마가 어떤 대상이나 사건들에 의해 어떻게 표현되었는지를 알려주는 유형사(history of types)를 참조해야 한다.[9]

지금까지 설명한 두 가지 의미가 무엇인지를 이해하는 것은 그다지 어렵지 않다. 도식화를 마다하지 않는 파노프스키의 명료함이 물론 돋보이기는 하지만, 여기까지는 안방 족자의 그림이 으르렁대는 호랑이와 짖어대는 까치라고 의기양양하게 말하는 유치원 아이에서부터 그것이 액막이와 경사를 바라는 조선 후기 민화의 전형이라고 설명하는 미술사 연구자―파노프스키의 말로 하면 도상학(iconography) 연구자―에 이르기까지, 딱히 새로울 것 없이 뭇 사람들이 찾아왔던 의미들이기 때문이다. 그러나 세 번째 해석 층위로 제시되는 작품의 '본질적 의미'가 과

---

8) *Meaning*, p.29(임산 68, 이한순 26).
9) *Meaning*, pp.35~38(임산 76~80, 이한순 34~38).

연 무엇인지는 그렇게 쉽게 이해되지 않는다. 이것이야말로 함부르크대학교에서 강의하던 당시의 저 젊은 대가가 감행한 새로운 해석의 모험이거니와, 이 모험이 향하는 세 번째 의미의 뜻을 이해하기 위해서 우리는 먼저 그 자신이 택한 비유적 설명의 길을 되짚어보는 것이 좋을 것이다.

(2) '본질적 의미'에 대한 설명들

그가 만하임에게서 빌려와 사용하는 유명한 비유는 거리에서 마주친 나를 향해 모자를 벗고 고개를 숙이는 한 남자의 행위다. 이 행위에서 '한 남자가 모자를 벗고 고개를 숙인다' '그의 몸짓이 공손해 보인다'는 것은 행위의 자연적 의미(사실 의미와 표현 의미)에 해당하며, '그가 인사를 한다'는 것은―모자를 벗고 고개를 숙이는 것이 인사를 뜻하는 특정 문화권에서만 성립하는―행위의 규약적 의미에 해당한다. 그러나 이 의미들 말고도, 파노프스키는 그 행위가 그 인물의 "인격을 구성하는 모든 것"[10]을 드러내줄 수도 있다고 말한다. 여기서 그가 말하는 인격이란 무엇인가? 그것은 한 인물의 시대와 국적, 사회적 교육적 배경, 그의 삶의 이력과 현재 환경 등에 의해 조건 지어지며, 사물을 바라보고 세계에 반응하는 그 인물 개인의 방식에 의해 특징지어지는 그 인물의 본질적 성격이다.[11] 인사라는 행위의 현상 배후에 "실재"(ontos on)[12]로서 놓여 있다고 가정되는 이 인격은, 비단 인사의 행위뿐 아니라 해당 인물의 여느 다른 행위에서도, 그 구성 요소 전반이 샅샅이 드러나는 방식은 아닐지언정 징후적인 방식으로(not comprehensively, but symptomatically)

---

10) *Meaning*, p.27(임산 67, 이한순 25).

11) *ibid.*

12) "Zum Problem der Beschreibung und Inhaltsdeutung von Werken der bildenden Kunst"(이하 "Problem"으로 표기), in: *Ikonographie und Ikonologie*(ed. E. Kaemmerling), p.200.

필시 드러나게 되어 있다.[13]

행위의 '본질적 의미'가 인격의 드러남을 뜻한다는 파노프스키의 설명에서 우리가 주목해야 할 요점은 두 가지다. 첫째는 행위의 본질적 의미가 드러날 때 행위자의 의지나 앎은 전혀 중요하지 않다는 점이다. 한 인물의 "정신, 성격, 출신, 환경, 운명은 [인격이라는] 내적 구조 위에서 동등한 정도로(in gleichem Maß) 함께 작용"[14]하거니와, 그러한 인격은 어떤 행위를 하는 인물이 원하지 않는다고 해서 드러나지 않을 수 있는 것도 아니며 또한 그가 원하기 때문에 드러나는 것도 아니다. 더구나 행위에서 드러나는 이 인격은 행위 당사자가 의식하는 행위의 의미와 상관이 없다. 자, 그렇다면 파노프스키가 말하는 행위의 본질적 의미는 순전히 관찰자의 주관적 해석의 결과물이라고 해야 하지 않을까? 파노프스키는 그렇게 보지 않는다. 이 비유의 설명에서 우리가 놓치지 않아야 할 둘째 요점은, 행위의 본질적 의미란 특정 행위를 통해 드러나는 단순한 징후일 뿐 아니라 그 행위가 왜 그런 모습으로 일어났는지를 설명해 줄 수 있는 궁극적 원리라는 것이다. "그것[본질적 의미]은 가시적인 사건과 그 사건의 가지적(可知的, intelligible) 의미 그 모두의 기초이자 그 모두를 설명해주는, 그리고 심지어 그 가시적 사건이 발생하는 형태 자체를 결정짓는 통일적 원리라고 정의될 수 있을 것이다."[15] 말하자면, 행

---

13) *Meaning*, p.28(임산 67, 이한순 25). '인격의 드러남'이라는 사태를 문제 삼는 파노프스키의 이 비유는, 인간의 신체적 행위뿐 아니라 말(언술 행위)을 포함한 인간의 의식적 삶 전반에서 성립할 수 있다. 모든 개별 언행의 본질적 의미는 축어적이고 규약적인 방식으로는 이해될 수 없으며 오로지 당사자의 삶의 맥락과 이력에 의해 드러날 뿐이다. 한편, 파노프스키의 의미 해석 도식에 대한 만하임의 영향에 대해서는 박남희, 「시각예술의 사회·역사적 의미 해석과 세계관의 이해」, 『예술학』 2 한국예술학회, 2006, 93~124쪽 참조.

14) "Problem," p.200.

15) *Meaning*, p.28(임산 67, 이한순 25).

위의 본질적 의미란 행위의 자연적 의미와 규약적 의미를 파생시키는 어근(語根) 같은 것, 즉 그 행위가 왜 그런 형태의 사건으로 일어났는지를 결정하는 행위의 존재 근거로 보아야 한다.

파노프스키는 이 행위 근거 해석의 모델을 예술 작품의 의미 해석에 주저 없이 적용한다. 행위의 본질적 의미가 행위자의 의도나 의식을 넘어서 행위 외부 또는 이면에 있는 행위자의 총체적 삶의 맥락에서 해석되어야 하듯이, 예술 작품에서도 작가의 의도나 의식을 넘어선 포괄적인 문화적 맥락에서 그 작품이 도대체 왜 그 작품으로 존재하게 되었는지를 설명해주는 원리가 발견되어야 한다는 것이다. 해석 대상으로서 작품이 담고 있는 '본질적' 의미는 바로 그런 것이다. 이 의미의 뜻을 본격적으로 규명하기 위해서, 먼저 이 의미에 대한 텍스트상의 주요 정보들을 갈무리해보자. ① 본질적 의미는 무엇보다 '원리'라는 말로 설명된다. 즉, 본질적 의미를 이해한다는 것은 "이미지, 이야기, 알레고리의 제작과 해석 근저에 있을 뿐 아니라 모티프의 선택과 표현 근저에 있는, 그리고 심지어 형식적 배열이나 적용 기법상의 절차에도 의미를 부여하는 기본 원리들"[16]을, "국가, 시대, 계급, 종교적 또는 철학적 신념의 기본 태도를 드러내주는, 그리고 한 [창작자의] 인격에 의해 질적으로 한정되고 (qualified) 한 작품 속에 응축되는(condensed), [작품의] 근저에 놓인 원리들"[17]을 파악한다는 것이다. ② 본질적 의미의 해석 작업은 '종합'과 '직관'으로 설명된다. 본질적 의미의 해석은 이미지, 이야기, 알레고리

---

16) *Meaning*, p.38(임산 81, 이한순 38).
17) *Meaning*, p.30(임산 70, 이한순 28). 파노프스키에 따르면, 순수 형태, 모티프, 이미지, 이야기, 알레고리들을 이러한 근저 원리의 명시적 표현(manifestation)으로서 파악한다는 것은, 그런 요소들을 바로 카시러(E. Cassirer)가 말하는 '상징적 가치들'(symbolical values)로 해석한다는 의미이거니와, 그 가치들은 "예술가 본인도 알고 있지 못한 경우가 많으며 심지어 그가 의식적으로 표현하고자 의도했던 바와 전혀 다를 수도 있다"(*Meaning*, p.31(임산 71, 이한순 29)).

에 대한 정확한 도상학적 분석을 전제하지만 결코 그것으로 환원될 수 없으며,[18] 그 의미에 들어맞는 어떤 개별적 문헌 텍스트를 찾아보겠다는 시도 또한 성공할 수 없다.[19] 따라서 본질적 의미를 파악하기 위해서는 "진단의의 능력에 비견될 수 있는 어떤 정신적 능력—'종합적 직관'이라는 못미더운 용어 말고는 딱히 더 나은 표현을 찾을 수 없는—이 필요한데, 이는 박식한 학자보다 재능 있는 비전문가에게서 더 잘 발달할 수도 있는 능력이다."[20] ③ 본질적 의미의 해석 작업에서 오류의 교정 수단은 "문화적 징후의 역사"(a history of cultural symptoms)[21]다. 즉 종합적 직관은 "다양한 역사적 조건하에서 인간 정신의 일반적이고 보편적인 경향들이 특수한 테마와 개념에 의해 표현되는 그 방식에 대한 통찰로써 교정되어야 한다."[22]

---

18) *Meaning*, p.32(임산 72, 이한순 29). 물론 파노프스키는 풍경화나 정물화 등 별다른 규약적 의미가 들어 있지 않은 작품들의 경우 굳이 도상학적 분석이 본질적 의미 해석의 전제가 될 필요가 없다는 것을 인정한다. (*Ibid.*; E. Forssmann, "Ikonologie und allgemeine Kunstgeschichte," in: *Ikonographie und Ikonologie*(ed. by E. Kaemmerling), pp.257~300, at 270; M. Liebmann, "Ikonologie," in: *op. cit.*, pp.301~328, at 307 참조)

19) *Meaning*, p.38(임산 81, 이한순 38). 반면, 도상학적 분석(예컨대 「최후의 만찬」에 대한 분석)은 문헌 지식(「요한복음」 13장 21절 이하)을 토대로 삼는다(*Ibid.*).

20) *Ibid.*

21) *Meaning*, p.39(임산 82, 이한순 29). 여기서 파노프스키는 자신이 말하는 '문화적 징후'라는 것은 카시러의 '상징'과 동일한 것이라고 덧붙인다. 한편 1932년 논문에서 '문화적 징후의 역사'는 '일반적 정신사'(allgemeine Geistesgeschichte)라는 말로 표현되는데, 이것은 "특정한 시대와 특정한 문화권에게 세계관적으로 가능했던 것이 무엇인지"(was einer bestimmten Epoche und einem bestimmten Kulturkreis weltanschauungsmäßig möglich war)를 우리에게 해명해주며, "의미적 의미들(예컨대 언어에서의 개념이나 음악에서의 장식음도 포함하여)이 역사적 발전 과정에서 특정한 세계관적 내용으로 채워지는 양상들을 알려준다" ("Problem," p.202).

22) *Ibid.*

이제 이러한 설명들이 무엇을 뜻하는지 자세히 들여다볼 차례다. 두 번째와 세 번째 설명이 본질적 의미에 대한 해석 작업(도상해석학)의 원천(수행 능력)과 인식론적 안전장치(교정 수단)에 대한 것이라면, 첫 번째 설명은 좀더 직접적으로 본질적 의미가 어떤 것인지에 대한 정보를 담고 있다. 모든 것을 한꺼번에 다룰 수 없으니, 첫 번째 설명을 먼저 살펴보자. 1932년 논문에 따르면, 첫 번째 설명에서 부각되는 '원리'라는 개념은 '세계에 대한 근본 태도'(Ur-verhalten zur Welt)라는 말로 대치될 수 있다. 그리고 본질적 의미는 다름 아닌 그 태도의 '기록'(Dokument)을 뜻한다. 미국 망명 이후 발표한 영어 텍스트의 '본질적 의미'는, 망명 직전의 이 독일어 텍스트에 '기록의미'(Dokumentsinn)라고 표현되어 있다. 전자는 후자의 번안이라 보아도 무방하거니와, 기록 개념은 파노프스키가 생각하는 본질적 의미의 뜻을 온전히 이해하기 위한 가장 중요한 실마리라고 할 수 있다. 이 실마리를 어디서 풀어갈 수 있을까? 『시각예술의 의미』 서장이 바로 그곳이다.

예술 작품과 기록의미

(1) 기호와 기록

「인문주의적 학제로서의 미술사」라는 제목을 단 이 글에서, 파노프스키는 근대 인문주의 개념 규정에서 출발하여 '인문주의' '인문학' '미술사학' '예술작품'의 본질에 대한 사유를 촘촘하게 전개한다. 이 글의 바탕에는 자기 연구의 학문론적 위상을 명확히 정립해보겠다는 성찰적 의도가 깔려 있는데, 그런 점에서 이 글은 서장의 본래 기능에 충실하게 『시각예술의 의미』에 실린 논문들을 이해하기 위한 전반적인 해석학적 지평을 열어줄 뿐만 아니라, 특히 이 글 바로 뒤에 배치된 근본 텍스트 「도상학과 도상해석학」과 긴밀히 연결되어 하나의 체계적인 학문 방법론 구성을 시도하고 있다고 평가할 수 있다.

인문주의의 역사적 본질에 대한 파노프스키의 통찰도 중요하긴 하지만, 이 논문의 맥락에서 우리가 무엇보다 주목해야 하는 것은 '기록'의 의미다. 파노프스키에 따르면, 기호(sign)를 사용하고 구조물(structure)을 만드는 것은 많은 동물들의 특징이지만, 기록(record)을 남기는 것은 인간만의 고유한 특징이다.[23] 동물들의 기호와 구조물을 기록으로 간주할 수 없는 까닭은, 그들이 의미의 관계(relation of signification)를 인지하지 못하고 기호를 사용하며, 구축의 관계(relation of construction)를 인지하지 못하고 구조물을 만들기 때문이다.[24] 파노프스키는 의미의 관계를 인지하는 것을 "표현되어야 할 개념의 관념을 표현 수단과 분리시키는 것"으로, 구축의 관계를 인지하는 것을 "수행되어야 할 기능의 관념을 그 기능을 수행하는 수단과 분리시키는 것"으로 설명한다.[25] 이 말은 무슨 뜻일까? '지금 여기'에 질료적으로 존재하는 발화 매체(음성이나 몸짓 등)나 구조물과 관념이 분리될 때, 관념은—일반적인 철학적 용어로 표현하자면—'보편 관념'의 지위를 얻으며, '의미' 또는 '구축'이라는 관계를 발생시키는 (참된 의미에서) 유일한 근거가 된다. 따라서 오로지 의미의 관계를 인지하고 구축의 관계를 인지하는 존재자, 곧 인간만이 '지금 여기' 현존하지 않는 과거나 미래 사건의 관념을 자유롭게 기호로 나타낼 수 있으며, 구조물의 목적이라는 관념을 다양한 재료적 가능성을 통해 실현시킬 수 있는 것이다.[26]

---

23) *Meaning*, p.5 (임산 40). "인간은 기록을 남기는 유일한 동물이다."
24) *Ibid.*
25) *Ibid.*
26) 파노프스키의 적절한 예를 빌려와 말하자면, 개가 현재의 욕구를 알리기 위해 짖을 수는 있지만 과거의 사건을 알리기 위해서 짖지 못하는 까닭, 비버가 복잡한 구조의 댐을 만들지만 재료를 모으는 직접적 행위와 구별되는 설계의 능력이 없는 까닭은 바로 여기에 있다(*Ibid.*).

기호와 관념의 차이가 의식되었을 때, 정확히 말하면 기호와 분리된 관념이 기호에 담길 때, 기호는 기록이 된다. "인간의 기호와 구조물은, 기호로 표시하고 건물을 짓는 과정(the process of signaling and building)과 분리되어 있으나 그럼에도 그런 과정에 의해서 실현되는 관념들을 표현하기 때문에, 아니 오히려 그런 한에서 기록인 것이다."[27] 그렇다면 파노프스키는 왜 기록의 개념을 이렇게 강조하는 것일까? 바로 이어지는 문장이 개념의 맥락을 말해준다. "그러므로 이러한 기록들은 시간의 흐름에서 빠져나온다는 특질을 지니는데, 이 점에서 인문주의자는 기록들을 연구한다. 인문주의자는 근본적으로 역사가다."[28] 시간의 흐름에서 빠져나온다(emerging from the stream of time)는 것은 쉽게 말하자면 역사적 연구의 가치를 지니게 된다는 뜻이다. 물리적 자연 세계의 실상을 탐구하는 자연과학자들에게 기록(선행자의 저서들)이 단지 탐구의 도구나 수단에 지나지 않음에 비해, 인문주의자에게는 기록 그 자체가 탐구의 본래 대상이다.[29] 우리가 잊지 말아야 하는 바, 파노프스키가 문제 삼는 관념은 기호화의 과정과 분리되어 있다는 점에서 (동물의 관념과 달리) 인간적이지만, 오로지 그런 과정에 의해 실현—단순히 표현이 아니라!—된다는 점에서도 (플라톤적 피안에 있는 초시간적 이념이나 그리스도교 신학의 신적 이념과 달리) 인간적이다. 신적 관념이야 역사를 만들어 내겠지만, 인간적 관념은 역사적으로, 다시 말해 역사

---

27) *Meaning*, p.5(임산 41).
28) *Ibid.* 여기서 인문주의자(humanist)라는 말은 '르네상스 시대의 지식인'이라는 의미보다 '인문학자'라는 의미로 읽는 것이 더 낫다.
29) Meaning, pp.5, 6(임산 41). "인문학의 관점에서 보면, 인간의 기록은 나이를 먹지 않는다." 이런 의미에서 예컨대 과학사는 인문학일 수밖에 없다. 자연 그 자체가 아닌 기록에 관심을 가진 사람만이, 천체물리학자들이 태양계와 은하의 구조를 밝혀놓은 오늘날 여전히 아리스토텔레스의 『천구론』과 『자연학』 또는 갈릴레이의 『우주체계론』을 읽을 필요를 느끼고 그것들을 연구할 것이기 때문이다.

로서 변천한다. 인간적 관념을 인간적 관념으로 만든 것이 바로 기록이거니와, 우리가 '문화'(culture)라고 부르는 것은 기록된 관념의 세계, 더 정확히 말하면 기록 그 자체의 세계인 것이다.[30) 그러므로 기록은 "시간의 흐름에서 빠져나와" 역사로서 존재한다. 역사는 문화의 시간, 즉 정신이 물리적 시간 외부에 구성한 또 다른 시간이기 때문이다.

　이상의 논의에서 도출되는 중요한 결론은 대략 다음의 두 가지다. 첫째는 이미 위에서 언급된 대로, 인문학은 기록을 본래적 연구 대상으로 삼으며 따라서 근본적으로 역사학이라는 것이다. 둘째는 기록 연구로서의 인문학이란 자연과학처럼 연구 대상에 대한 객관적, 직접적 분석으로 진행될 수 없으며, 모종의 복잡한 주관적 해석 과정을 거칠 수밖에 없다는 것이다. 기록을 '기록으로서' 이해한다는 것은 기록된 관념을 내 안에서 의미(meaning)로서 '되살려낸다'는 것을 뜻하기 때문이다.[31) 파노프스키는 이를 다음과 같이 표현한다. "인간의 행위와 창작물을 다룰 때, 인문주의자[=인문학자]는 종합적, 주관적 성격의 심적 과정(mental process)에 관여해야만 한다. 그는 심적으로 행위를 다시-행위하고(re-enact), 창작물을 다시-창작해야(re-create) 한다. 사실, 인문학의 진짜 대상(real object)이 존재하게 되는 것은 바로 이런 과정에 의해서다. 책과 그림이 질료적으로 존재하는 한에서가 아니라 그것들이 의미를 가지고 있는 한에서 철학사와 미술사 연구자가 책과 그림을 다룬다는 것은 명백하지 않은가. 그리고 이러한 의미가, 책 속에 표현된 사상과

---

30) 이런 의미에서 파노프스키는 자연을 "인간에 의해 남겨진 기록을 제외하고 감각으로 접근할 수 있는 세계 전체"라고 정의한다(Meaning, p.5(임산 40)).

31) 용어를 정리하자면, 해석 주체 안에서 실현된 한에서(또는 실현되어야 하는 한에서) 관념은 의미라고 불린다. 그리고 엄격히 말해서 의미란 주어지는 것이 아니라 실현해내는 것이다. 기록이 '해석'의 대상이라는 말은 이런 뜻으로 이해되어야 한다.

그림 안에 드러난 예술적 개념을 다시-생산함(re-producing, 되살려냄)에 의해서, 그리하여 문자 그대로 '실현함'(realizing)에 의해서 인식된다는 것 또한 마찬가지로 명백하지 않은가."[32] 자, 그렇다면 기록으로서의 예술 작품에서 우리는 도대체 '어떻게' '어떤 의미를' 되살려낼 수 있는 것일까. 이에 답하기 위해 먼저 파노프스키와 더불어 예술 작품이 어떤 것인지를 따져보도록 하자.

(2) 예술 작품의 정의와 구성 요소

미술사학은 기록의 연구 즉 인문학이거니와, 예술 작품이라는 형태로 전해오는 기록들을 1차 자료(primary material)로 삼는다.[33] 그렇다면 예술 작품이란 무엇인가? 파노프스키에 따르면, 예술 작품이 다른 대상과 구별되는 지점은 그것이 언제나 미적 의미(aesthetic significance)를 가지고 있다는 사실이다.[34] 미적 의미를 가지고 있다는 말은 미적으로 경험될 것을 요구한다는 뜻이다.[35] 그러므로 예술 작품은 '언제나 미적으로 경험될 것을 요구하는 대상'으로 정의될 수 있다. 그렇다면 미적으로 경험될 것을 요구한다는 것은 무슨 뜻일까?

파노프스키는 자신의 정의를 더 명료하게 하기 위해, 예술 작품과 다른 대상들을 비교한다. 자연적 대상(natural object)의 경우, 그것을 미적으로 경험할 것인지는 전적으로 개인적 선택의 문제다. 그러나 인공적 대상(man-made object)은 다르다. 인공적 대상은 그 자체가 미적 경

---

32) *Meaning*, p.14(임산 51).

33) *Meaning*, p.10(임산 47). 여기서 '1차 자료'라는 말은 당연히 미술사학자가 다시-창작함에 의해 구성한 자료(*Meaning*, p.14(임산 52) 참조)—위의 표현을 빌자면 진짜 대상(real object)—에 상대되는 개념이다.

34) *Meaning*, p.11(임산 47).

35) *Ibid*. 여기서 파노프스키는 미적 경험의 의미를 대략 칸트의 미적 무관심성 이론에 준해 설명하고 있다.

험을 요구하거나 또는 요구하지 않거나 둘 중의 하나다. 파노프스키는
이것을 설명하기 위해 스콜라철학의 '지향'(intentio) 개념을 끌어들인
다.[36] 이 개념을 적용해서 말하자면, 예술 작품과 예술 작품 아닌 대상
들은 다름 아닌 그 지향에 의해서 구별될 수 있다. 예술 작품이 아닌 인
공적 대상, 즉 실용적 대상(practical object)은 일반적으로 의사 전달 수
단(vehicles of communication, 예컨대 신호등)과 도구(tools, 예컨대 타
자기)라는 두 부류로 나뉘는데, 이들은 각각 '전달되어야 할 의미' 또는
'수행되어야 할 기능'을 '지향'한다. 예술 작품 역시 기본적으로 의사소
통 수단과 도구라는 두 부류로 구별되기는 하지만, "예술 작품의 경우에

---

36) 아주 일반적인 수준에서 설명하자면, 스콜라철학에서 지향(intentio)이라는 말은
'어떤 것을 향하는 정신의 활동' 정도의 의미를 갖는다. 물론 이 의미는 다의적이
다. 즉, 어떤 목적을 이미 정신적 방식으로 선취하고 그것을 의식적으로 향하는 활
동(보통 '의도'라고 번역될 수 있는 특수하고 좁은 의미의 지향)뿐 아니라 정신
외부 존재자의 상을 자신 안에 형성하는 정신의 활동 일반이 지향이라고 불릴 수
있다. 근본적인 의미에서, 인간 정신의 활동은 언제나 '무엇을 향하는' 활동으로
이해될 수 있기 때문이다. 또한 이 점에서, 지향의 두 의미는 근본적으로 연결되어
있다.
　한편, 지향이라는 말은 어떤 것을 향하는 정신의 활동이라는 의미로도 쓰이지만
[intentio formalis], 정신의 지향적 활동의 대상 또는 지향적 활동을 하는 정신 안에
형성된 대상의 상(개념)이라는 의미로도 쓴다[intentio obiectiva]. 이러한 다의
성을 염두에 두고, 예컨대 토마스 아퀴나스는 다음과 같이 말한다: "(…) cum
dicitur quod finis prior est in intentione, intentio summitur pro actus mentis, qui
est intendere. Cum autem comparamus intentionem boni et veri, intentio sumitur
pro ratione quam significat definitio; unde aequivoce accipitur utrobique"(목적이
지향 안에 미리 존재한다고 말할 때, 지향은 정신의 활동, 곧 '향하다'라는 뜻으로
사용된다. 그런데 선의 지향과 진의 지향[이라는 말을] 고려하면, 지향은 정의가 표
시해주는 [대상의] 의미라는 뜻으로 사용된다. 따라서 두 경우에 지향이라는 말은
다의적이다)(De veritate, q.21, a.3, ad 5). 사실 스콜라철학에서 지향이라는 전문용
어의 가장 일반적이고 흔한 용례는, (토마스 아퀴나스가 말하는 두 번째 뜻처럼)
정신에 수용된 의미 또는 개념을 가리키는 것이다. 그러나 파노프스키가 자신의
텍스트에서 초점을 맞추는 지향의 의미는 대략 '의도' 또는 '의도된 바'에 가깝다.

는 관념에 대한 관심이 형식에 대한 관심과 균형을 이루거나 심지어 형식에 대한 관심의 그늘에 가리기도 한다."[37] 즉, 시나 역사화는 어떤 의미에서 의사 전달 수단이라는 성격을 갖고 판테온이나 촛대는 도구라는 성격을 갖지만, 형식에 대한 특별한 관심 때문에 단순한 편지글 또는 평범한 건물과 구별된다는 것이다.

그러므로 파노프스키에 따르면, 실용적 대상과 예술 작품이 구별되는 기준은 결국 창작자의 지향이 관념뿐 아니라 형식을 충실히 아우르는가의 여부에 있다. 형식을 충실히 아우르는 지향의 특수성이 '어떤 작품이 언제나 미적으로 경험될 것을 요구한다'는 말의 의미를 설명해준다. 그런데 파노프스키 자신도 솔직히 인정하듯이, 이처럼 지향 개념을 통해 예술 작품의 경계를 설정하는 일은 객관적이고 일의적인 확실성을 가지기가 힘들다. 그가 말하는 근본적인 이유는 세 가지다. 먼저, 지향이라는 것 자체의 존재적 지위 때문이다. 심적 상태 또는 심적 활동으로서 존재하는 것을 과학적 정확성에 준해 확정 짓는다는 것은 애초에 불가능하지 않은가. 또한, "창작자의 지향이라는 것은 시대와 환경의 기준에 의해 조건 지어지기" 때문이다. 그리고 마지막으로, "지향에 대한 우리의 평가 역시 불가피하게 우리의 역사적 상황뿐 아니라 개인적 경험에도 의존하는 우리의 태도에 영향을 받기" 때문이다.[38]

우리의 논의 맥락에서 더 중요한 것은 파노프스키가 말하는 두 번째 이유와 세 번째 이유다. 먼저 세 번째 이유부터 살펴보자. 앞서 인용한 것처럼, 파노프스키는 기록의 해석이 기록된 관념을 주관 안에 되살려 내는 과정이라고 이해했다.[39] 어떤 창작물의 지향에 대한 평가는 그 창작물을 다시-창작하는 바로 이 심적 과정의 결과로 주어질 수밖에 없다.

---

37) *Meaning*, p.12(임산 49).
38) *Meaning*, pp.12, 13(임산 49, 50).
39) 에필로그의 주 33 참조.

212

그러므로 예술 작품의 일의적인 경계 설정이 난망한 세 번째 이유로 파노프스키가 말하는 바에서 알 수 있는 것은, 예술 작품의 의미 해석(예술 작품의 재-창작)이 모종의 광범위한 역사적, 개인적 결정 요인을 지니는 주관적 태도의 문제일 수 있다는 것이다. 바꾸어 말하자면, 지향을 지닌 해석 대상에 대한 해석의 주관적 지향 자체가 어떤 역사적, 개인적 결정 요인들에 의해 중층적으로 조건 지어질 수 있다는 것이다.

파노프스키가 두 번째 이유에서 말하듯, 창작물 안의 지향 그 자체도 마찬가지다. 시대와 환경의 기준에 영향을 받아 창작자들은 관념을 더 지향하기도 하고, 형식을 더 지향하기도 한다. 일반적으로 예술 작품은 관념의 기록이면서 재료의 형식화이다.[40] 그런 한에서 관념과 형식은 예술 작품의 두 가지 구성 요소다. 그런데 여기서 파노프스키는 예술을 구성하는 또 한 가지 요소를 언급한다. 이 제삼의 요소는 일반적으로 비의지적으로(involuntarily) 드러나는 특징을 지니고 있어서, 창작자가 관념이나 형식 어느 한쪽을 지나치게 강조하거나 억제할 때는 당연히 희미해지게 된다. 그 요소가 바로 '내용'(content)이다.[41] "주제(subject matter)와 대비되는 것으로서의 내용은, 퍼스(C. S. Peirce)의 말을 빌리자면, '작품이 노출하지만 과시하지는 않는 바로 그것'(that which a work betrays but does not parade)이라고 설명될 수 있다. 그것은 국가, 시대, 계급, 종교적 또는 철학적 신조의 기본 태도로서, 이 모든 것은 무의식적으로 한 인격에 의해 한정되고, 한 작품 안에 응축된다."[42]

이처럼 지향 개념을 매개로 한 파노프스키의 예술 작품 정의는 예술

---

40) 더 정확히 해설하자면, 재료의 예술적 형상화—이는 형식 그 자체에 대한 지향을 내포한다—를 통해 관념을 객관적으로 실현하는 것이 예술 작품이다.
41) *Meaning*, p.14(임산 51). 'content'라는 용어는 독일어 'Inhalt'가 아니라 'Gehalt'에 해당한다. 에필로그의 주 50 참조.
42) *Ibid*.

작품의 구성 요소에 대한 통찰로 확장된다. 관념과 형식이 지향의 대상 또는 방향이라면, 내용은 지향의 근거에 해당하는 어떤 것이다. 파노프스키는 예술 작품의 이 세 가지 구성 요소가 미술사학자의 작품 의미 해석 방법에 영향을 미칠 수밖에 없다고 생각한다. 그에 따르면, 미술사학자는 고고학의 과학적, 합리적 분석의 도움을 받아 이 다시-창작함이라는 해석 본연의 과정을 밟음으로써 기록으로서의 예술 작품의 의미를 해석한다.[43] 그리고 예술 작품의 해석이 포함할 수밖에 없는 다시-창작함이라는 경험은, 예술 작품의 세 가지 구성 요소에 상응하는 자연적 감수성(natural sensitivity), 시각적 훈련(visual training), 문화적 소양(cultural equipment)이라는 세 가지 능력에 의존한다.[44] 세 가지 요소 중 어느 하나가 완전히 빠진 예술 작품이란 것이 존재할 수 없듯이, 예술 작품의 온전한 미적 경험은 언제나 이 세 가지 능력을 요구할 수밖에 없다. 예술 작품을 미적으로 경험할 때 우리가 인지하는 것은 결국 세 요소의 통일이기 때문이다.[45]

(3) 이중적 기록: 관념과 내용

이제 이상의 논의를 바탕으로 우리가 기록으로서의 예술 작품에서 해

---

43) *Meaning*, pp.17, 18(임산 55). "미술사학자가 하는 일은 […⋯] 비합리적 토대 위에 합리적인 상부구조를 세우는 일이 아니라, 자신의 고고학적 탐구의 결과를 자신의 재-창작적 경험의 증언에 비추어 지속적으로 점검하면서, 자신의 재-창작적 경험을 자신의 고고학적 탐구의 결과와 일치하도록 발전시키는 일이다." 이를 위해 파노프스키가 강조하는 것은 문화적 소양이다. 더 정확히 말하면, 자신이 지닌 문화적 소양의 시대적, 공간적 한계를 정확히 의식하고 (바로 그 때문에) 자신이 탐구하는 작품이 창작된 상황과 맥락—"다른 시대 다른 나라의 사회적, 종교적, 철학적 태도"(Meaning, p.17(임산 55))—을 학습을 통해 숙지하려는 노력을 기울인다는 것이 미술사학자의 특징이다. 그리고 바로 이것이 그가 단순한 감상자와 구별되는 이유이기도 하다(*Ibid.*).

44) *Meaning*, p.16(임산 53, 54).

45) *Ibid.*

석해낼 수 있는 의미들을 분류해보자. 먼저, 「인문주의적 학제로서의 미술사」에서 파노프스키가 설명하는 일반적인 기록 개념에 비추어보자면, 작품 안에는 '그 작품을 통해 실현되지만 그 작품 자체와는 구별되는' 어떤 관념이 존재한다고 할 수 있다. 일반적인 의미에서 작품은 '관념의 기록'이라고 불릴 수 있겠거니와, 작품에 기록된 그 관념이야말로 우리가 해석해내야 할 일차적인 의미일 것이다. 작품에 기록된 관념은 한갓 자연적 사물(또는 그 사물의 상태나 특징)의 관념일 수도 있으며, 보다 추상적이고 복잡한 개념이나 논제일 수도 있다. 앞서 우리가 살펴보았던 작품 안의 자연적 의미와 규약적 의미가 바로 이러한 관념에 해당하는―정확히 말하면 이러한 관념이 실현―의미들이다. 작품의 창작자가 자신이 선택한 질료에 어떤 형식을 부여해야 할지를 고민한다는 것은, 자신의 관념(생각)을 작품으로써 기록하기 위해 자신의 관념과 통일시켜야 할 형식을 고민한다는 뜻이다. 바로 이런 의미에서 작품의 창작자는 관념과 형식에 대한 지향을 작품 안에 작품의 지향으로서 남겨놓는데, 우리는 마땅히 작품이 지향하는 바 그 관념과 형식을―경우에 따라 자연적 의미의 차원에서 또는 규약적 의미의 차원에서―해석해야 하는 것이다.

그런데 예술 작품은 일차적으로 관념의 기록이지만, 파노프스키의 기록 개념은 예술 작품이 또 다른 어떤 것의 기록으로 해석될 수 있는 여지를 남겨두고 있다. 아니, 사실상 파노프스키가 강조하려는 것은 바로 이 또 다른 어떤 것의 기록이다. 그것은 조금 앞에서 인용한 바에 따르면 "국가, 시대, 계급, 종교적 또는 철학적 신조의 기본 태도"[46]이며, 앞 장(도상해석학의 탐구대상) 말미에서 잠시 언급한 1932년 논문의 표현을

---

46) 에필로그의 주 17, 43 참조.
47) "Problem," p.200.

빌자면 "세계에 대한 근본적 태도"[47]다. 말하자면, 이것은 작품에 '직접적으로' 기록되는 것이 아니라, 직접적으로 기록되는 그것(관념)이 발생한 이유와 조건에 해당하는 어떤 것이자, 그것이 그런 형식으로 기록되도록 만든 '원리'에 해당하는 어떤 것이다. 말하자면, 예술 작품에는 직접적으로 기록되는 것뿐 아니라, 직접적으로 기록되는 것을 기록시킨 것 또한 기록된다. 기록(record)의 일반적인 의미에서 예술 작품은 직접적으로 기록되는 것의 기록이지만, 엄격하고 근본적인 의미에서 예술 작품은 기록 원인의 기록이기도 하다.

파노프스키의 1932년 논문에 등장하는 '기록'(Dokument)이라는 용어는 철저하게 이 후자의 의미에 초점이 맞춰져 있다.[48] 예술 작품의 '기록의미' 또는 '본질적 의미'를 해석한다는 것은, 예술 작품을 관념의 기록으로 이해하는 데서 한 걸음 더 나아가, 그 기록 밑에 기록된 세계관적 태도를 읽어낸다는 것, 곧 예술 작품을 세계관의 기록 또는 징후로 이해한다는 것을 뜻한다. 여기서 그는 만하임의 예를 빌려와서 인사 행위에 기록되는 가장 근본적인 인상은 결국 행위자의 내적 구조인 본질적 성격(인격)이라는 점을 지적하고 나서, 다음과 같이 자신이 하고자 하는 말을 한다.

"이처럼, 현상의미나 의미적 의미를 넘어서, 훨씬 더 심오하고 더 일반적인 의미에서만, 어떤 최종적인 본질 내용(ein letzter wesensmäßiger Gehalt)이 예술 생산의 근본에 놓여 있는 것 같다. 그것은 개별 창작

---

48) 파노프스키의 용어법에 대한 포르스만(E. Forssmann)의 정리에 따르면, 예술 작품을 '기록'(Dokument)으로서 다루는 것은 오로지 도상해석학의 단계이며, 전 도상학적 기술이나 도상학의 단계에서 예술 작품은 단지 '기념물'(Monument)로 간주된다(E. Forssmann, *op. cit.*, p.270.). 예외적 용례가 없는 것은 아니지만, 이 정리는 원칙적으로 타당하다.

자, 개별 시대, 개별 민족, 개별 문화 집단을 매한가지로 특징짓는, 세계에 대한 어떤 근본적인 태도의 비의도적이고 무의식적인 자기현시(die ungewollte und ungewusste Selbstoffenbarung)다. 그리고 예술적 업적의 위대함이 결국에는 '세계관의 에너지'(Weltanschauungsenergie)의 얼마만한 몫이 형상화된 재료 안으로 들어와 있는가 그리고 그 형상화된 재료로부터 감상자에게로 발산되는가에 달려 있으니만큼(이런 의미에서 세잔의 정물화는, '좋은' 작품일 뿐 아니라 라파엘로의 마돈나처럼 '함량 있는'(gehaltvoll) 작품이기도 하다), 해석의 최고 과제는 바로 본질적 의미라는 저 최종 층으로 박진해 들어가는 것이다. 해석은 작용 요소들(즉 대상적이고 도상적인 것뿐 아니라, 빛과 그림자의 배분, 평면 분할, 심지어 붓이나 끌이나 정을 다루는 법 같은 순전히 '형식적' 요소들까지도)의 총체를 어떤 통일적인 세계관적 의미(Weltanschauungssinn)의 '기록들'로 파악하고 제시할 때, 바로 그때에야 본래 목적을 달성한다."49)

여기서 파노프스키가 명시적으로 말하는 바, 예술 생산의 근본에 놓여 있는 '세계에 대한 근본적 태도'란 창작자뿐 아니라 시대와 집단을 특징 짓는 태도다. 이것은 분명 창작자의 태도이지만, 창작자가 의식하는 개인의 세계관이나 정신적 성향으로 환원될 수 없는 초개인적 태도다. 창작자는 초개인적(또는 초주관적) 세계관을 구현하는 개인(주관)으로서, 역사에 의해 결정되는 그 세계관——아마도 '시대정신'(Zeitgeist) 정도로 부를 수도 있을——을 부지불식간에 자신의 작품에 드러낼 수밖에 없

---

49) "Problem," pp.200, 201. 마지막 구절 "어떤 통일적인 세계관적 의미의 기록들로"에 해당하는 원문은 "als >Dokumente< eines einheitlichen Weltanschauungssinns"이며, 영어 번역자는 이 구절을 "as documents of a unified meaning related to a particular worldview"로 의역했다.

다는 것이다. 아니 오히려, 개인을 넘어서 있는 그 세계관의 '에너지'가 창작자 개인의 재능이라는 채널을 통해 작품으로 들어와서 자신을 드러낸다는 것이 파노프스키의 본의에 더 가까울 것이다.

작품 안에 인입되어 응축된 작품 바깥의 에너지, 바로 그것이 파노프스키가 작품의 세 번째 구성 요소로 지목했던 '내용'(Gehalt)이다.[50] 이것은 창작자의 재능을 통해 실현되지만 그의 재능을 넘어서 있는 역사적 세계관의 '자기 드러냄'(Selbstoffenbarung)이다. 그는 작품의 참된 위대함이 관념이나 형식의 빼어남이 아니라 내용의 함량에 있다고 본다. 초개인적 세계관의 에너지가 작품 안에 묵직하게 응축되는 정도, 그것이 작품에 담기는 예술적 업적의 가치를 결정한다. 이런 의미에서, 작품의 참된 위대함을 도상학의 수준에서 읽어낸다는 것은 필시 불가능할 것이다. 도상학이 해석해내는 의미들은 기록이자 징후로서의 작품에 담겨 있는 가장 근본적인 의미 층, 곧 내용의 근원으로 들어가기 위해 거쳐야 하는 전 단계(그 자체가 해석을 요구하는 자료)에 불과하니까 말이다. 그러므로 작품의 참된 가치를 확인하는 과제는 징후 진단으로서의 도상해석학에게 맡겨진다. 도상해석학의 길은 작품의 가장 내밀한 안쪽(intrinsic meaning)으로 들어가는 길이자 동시에 작품을 넘어서 작품 바깥의 관계와 맥락으로 뛰쳐나가는 길이기도 하다. 자신의 내적 정체가 외부의 관계들을 지시한다는 것, 바로 그것이 파노프스키가 생각하는 '징후'의 구조이기 때문이다.

---

50) 그러므로 파노프스키가 사용하는 '내용'(Gehalt)이라는 말은, '담겨진 전체'를 암시하는 독일어 단어의 본래 어감 그대로, 우리가 일반적으로 사용하는 내용(Inhalt)이라는 말, 즉 작품의 주제를 형식에 대비하여 가리키기 위해 사용하는 말과 의미가 엄격하게 구별되어야 한다. '내용'이라는 일반적 용어와 구별하여 번역할 뾰족한 방도가 없다 하더라도, 파노프스키가 사용하는 'Gehalt'(그리고 그 자신이 영어 텍스트에서 이 의미로 사용하는 'content')는 그만의 특수한 전문용어라는 것을 잊지 말아야 한다.

해석의 폭력과 해석의 순환

파노프스키에 따르면, 도상해석학이라는 대담한 시도(Unterfangen)에 의해 "예술 작품의 해석은 철학적 체계나 종교관의 해석과 같은 수준으로 상승한다."[51] 그의 이러한 언명의 함축에 대한 평가는 일단 뒤로 미루더라도, 적어도 그가 자신의 학문적 기획이 안고 있는 문제를 철학적 관점에서 직시하고 해명하려 한 것은 분명해 보인다. 1932년 논문은 그가 자신의 새로운 미술사학 방법론을 설명하기 위해 하이데거의 존재해석학을 모델로 삼고 있음을 보여준다. 그는 하이데거의 『칸트와 형이상학의 문제』(1929)에서 다음과 같은 구절을 인용한다.

"어떤 해석(Interpretation)이 칸트가 명시적으로 말한 것만을 재진술한다면―칸트가 그의 정초 작업에서 명시적 표현을 넘어서 밝혀 드러낸 바 바로 그것을 보여주는 과제가 그 해석에 여전히 [풀리지 못한 채] 제기되는 한에서―그 해석은 애초에 어떤 풀어놓음(Auslegung)도 아니다. 그런데 칸트는 바로 그것[=명시적 표현을 넘어서 밝혀 드러낸 바]을 더 말할 수 없었던 것이다. 그 어떤 철학적 인식에서도, 인식이 진술된 명제들 안에서 말하는 바 그것이 아니라 말해진 것을 통해 아직 말해지지 않은 것으로서 제시하는 바 그것이 결정적일 수밖에 없으니까 말이다."[52]

---

51) "Problem," p.201.

52) *Kant und das Problem der Metaphysik*, Frankfurt a. M.: Vittorio Klostermann 1973 (Gesamtausgabe Bd.3), p.195. 하이데거는 『존재와 시간』에서 현존재의 실존론적 분석 속에서 수행되는 존재 의미 해석을 통상적인 해석(Interpretation)과 구별하기 위해 'Auslegung'이라는 말을 사용한 이래, 초기 저작에서 자신이 본래 의도하는 존재 의미에 대한 존재론적 해석을 일관되게 'Interpretation'과 구별하여 'Auslegung'이라고 표현한다. 이 구별을 염두에 두고 나는 이하에서 'Auslegung'을 '풀어놓음'으로 번역한다.

파노프스키가 주목하는 것은 해석의 본성에 대한 하이데거의 통찰이다. 이 통찰은 당연히, 존재의 의미에 대한 물음을 던지기 위해서는 존재물음의 역사를 반복해야 한다고 주장한 그의 『존재와 시간』(1927) 서문과 연결되어 있다. 반복해야 할 존재론의 역사가 존재물음의 역사이면서 동시에 존재망각의 역사인 한에서, 존재물음의 역사를 반복한다는 것은 "존재론의 전통이 성숙시킨 은폐를 해체하는 일"[53]이며 전통이 사유한 것 안에서 사유되지 않은 것으로 남아 있는 것을 파헤치는 일이다. 참된 해석은 바로 이런 것이니, 칸트에 대한 해석 역시 그가 명시적으로 말한 것을 밝혀주는 것이 아니라 '그에 의해 말해진 것' 안에서 '말해지지 않은 것'으로서 드러나고 있는 바로 그것을 밝혀주는 것[풀어놓는 것]이다. 파노프스키에 따르면, 그림의 해석도 이와 다르지 않다. 도상해석학의 작업이야 더 말할 나위도 없겠거니와, '전 도상학적 기술'이라고 부르는 작업이든 '도상학적 분석'이라고 부르는 작업이든, 그것이 단순한 확인 작업(Konstatierung)이 아니라 어쨌든 의미의 해석에 속하는 한에서는, 하이데거의 "위 문장들이 적용된다."[54]

문제는 여기서 시작된다. 해석의 본성이 '말해지지 않은 것'을 풀어놓는 데 있다면, 이는 일종의 폭력을 뜻하는 것이 아닐까? 그리고 해석의 폭력성은 결국 모든 해석을 결국 주관적 자의로 전락시키고 마는 것이 아닐까? 이에 답하기 위해서, 파노프스키가 공유하는 하이데거의 문제의식을 조금 더 살펴보자.

---

53) *Sein und Zeit*, Tübingen: Max Niemeyer, [17]1993, p.22(국역본, 『존재와 시간』, 소광희 옮김, 경문사, 1995, 34쪽).

54) 1932년 논문을 쓸 당시 파노프스키가 『칸트와 형이상학의 문제』뿐 아니라 5년 전(1927) 발간되어 유럽 지성계를 흔들어놓은 하이데거의 문제작 『존재와 시간』을 읽었을 개연성은—비록 직접 인용은 찾을 수 없으나 행간의 내용과 맥락으로 판단하자면— 대단히 농후하다.

"어구가 말하는 바로부터 그 어구가 말하고자 하는 바를 쟁취해내기 위해서, 모든 해석은 필연적으로 폭력을 사용할 수밖에 없다. 그러나 그러한 폭력은 빗나가는 자의일 수 없다. 앞서 비춰주는 이념의 힘이 풀어놓음을 추진하고 주도해야 한다. 오로지 이 이념의 힘으로 해석은 언제 보아도 늘 주제넘는 한 가지 과업(das jederzeit Vermessene), 즉 한 작품의 숨겨진 내적 열정에게 자신의 속내를 털어놓는 과업을 감행한다. 그 열정을 통해 해석은 '말해지지 않은 것' 속으로 밀어 넣어져 '말해지지 않은 것'을 말하지 않을 도리가 없게 된다. 그런데 이것은 그 주도적 이념의 두루 밝혀주는 힘에 의해 그 이념 자체가 백일하에 드러나게 되는 길이다."[55]

파노프스키가 주목한 이 동시대 철학자는 해석의 본성적 폭력성을 인정하되 그것을 자의적 사유의 폭력과 구분하려 한다. 해석이 자의적이지 않을 수 있는 근거로서 하이데거가 언급하는 것은 소위 '앞서 비춰주는 이념'(vorausleuchtende Idee)으로서, 이는 모든 해석이 전제할 수밖에 없는, 그리고 해석의 진행 과정에서 일종의 규제적 원리로 기능하는 일종의 선지식 또는 선이해의 이념을 뜻한다. 해석이란 이러한 이념이 주도하여 '말해지지 않은 것'을 밝혀내는 과정인데, 이는 해석을 주도한 그 이념 자체의 분명한 모습이 드러나는 과정이기도 하다. 말하자면, 말해지지 않았던 해석의 대상을 새롭게 밝혀주면서 해석의 암묵적 전제였던 그 자신의 모습까지 스스로 밝혀주는 것이 이념의 힘이거니와, 하이데거는 바로 이러한 이념의 힘 때문에 해석이 자신의 폭력에 스스로 한계를 설정할 수 있다고 생각하는 것이다.

---

55) *Kant und das Problem der Metaphysik*, p.196; "Problem," p.198. 파노프스키가 직접 인용하는 부분은 위 인용문의 앞의 세 문장까지다.

그렇다면, 하이데거가 생각하는 이러한 이념의 기능을 하는 것이 미술사학에도 존재할까? 파노프스키는 그것이 전승사(Überlieferungsgeschichte)라고 단언한다.[56] 위에서 말했듯이, 작품 해석의 각 단계는 자의적 결론의 교정 수단으로서 각자에 상응하는 전승사(양식사, 유형사, 일반적 정신사)를 사용할 수 있다. 그런데 철학자가 해석의 폭력에 대한 한계로 내세우는 이념은 폭력을 사용하는 그 주관에서 생겨나며, 파노프스키가 작품에 대한 자의적 해석의 예방책으로 내세우는 전승사 역시 그 자체가 작품에 대한 해석이 축적된 결과다. 이것은 해석의 과정에 내재하는 일종의 순환 구조를 암시한다. 파노프스키는 도상해석학이 처한 이 순환의 운명을 정확히 의식하고 있을 뿐 아니라 도처에서 강조하고 있다. 그의 이해에 따르면, 순환 구조를 이루는 한 축인 전승사는 무엇보다도, 해석의 결과에 섞여 있을 수 있는 주관적 오류를 걸러내는 역할을 한다.[57] 또한 전승사는, 해석의 종착점에서 교정 수단으로서 조회될 뿐 아니라 해석의 출발점에서도 일종의 사전 선택의 원리로 기능함으로써 해석에 영향을 미친다. 「인문주의적 학제로서의 미술사」에서 파노프스키가 말하는 바, 미술사학은 다른 인문학과 마찬가지로 기록 조사에서 출발하는

---

56) "Problem," p.199. "전승사는 우리에게 우리의 폭력 사용이 허용될 수 있는 한계를 보여준다. 그 이유는 다음과 같다. 우리가 사물 안에서 실제로 말해지지 않은 것을 우리 스스로 백일하게 드러내는 권리를 가지고 있다면(아니 오히려 그것을 드러내야만 한다면), 전승사는 시간과 장소의 관점에서 묘사가 불가능했거나 표상이 불가능했기에 말해질 수 없었을 것을 우리에게 나타내주기 때문이다."

57) 이 '객관적' 교정 수단의 필요성은 도상해석학의 단계에서 특히 커진다. 도상해석학은 "해석자의 고유한 세계관적 원태도"(das eigene weltanschauliche Urverhalten des Interpreten)라는 "현저히 주관적이고 절대적으로 개인적인 인식 근원"을 해석의 원천으로 삼기 때문이다("Problem," pp.201, 202.).『도상해석학 연구』와『시각예술의 의미』에 실린 텍스트에서 도상해석학의 해석 방법으로 제시되는 '종합적 직관'은 여기서 '세계관적 원태도'라고 지칭된 바로 그 주관적 능력의 작용이다.

데, 기록 조사는 시야의 한계나 가용 자료에 의해 제한받기도 하지만 결국 해석자가 특정 기록에 주목하게 되는 실질적인 이유는 "일반적인 역사적 개념"(general historical concept)에 의해 좌우되는 사전 선택으로 설명될 수밖에 없다.[58] 여기서 그가 강조하는 일반적인 역사적 개념이란 전승사의 이해에 다름 아니거니와, 미술사학의 연구 자료인 "기념물과 기록(monuments and documents)은 [바로 이] 일반적 역사적 개념의 관점에서 조사, 해석, 분류될 수 있을 뿐"이며, "동시에 일반적인 역사적 개념 또한 기념물과 기록 위에서 형성될 수 있을 뿐이다."[59]

교정 수단이든 사전 선택의 원리든 일종의 해석 규준으로 작용하는 것이 동시에 해석의 결과일 수밖에 없다는 이 사유 구조는 형식논리학의 관점에서는 오류를 낳을 뿐인 고약한 악순환(순환논증)으로 보이겠지만, 철학적 해석학에서는 해석의 성공을 위해 머뭇거림 없이 바로 그 안으로 뛰어 들어가야만 하는 사유의 소용돌이, 즉 '해석학적 순환'을 뜻한다.[60] 철학자들에게 전혀 새로울 것이 없는 이 해석학적 순환의 개념

---

58) *Meaning*, p.6 (임산 42).

59) *Meaning*, p.9 (임산 45, 46).

60) 파노프스키의 순환적 해석에 대한 부정적인 평가로는 신준형, 앞의 책, 38~40쪽 참조. 하이데거는 도구적 존재자에 대한 현존재의 해석 과정을 설명하면서(『존재와 시간』 32절), 모든 해석은 앞서 가짐(Vorhabe), 앞서 봄(Vorsicht), 앞선 개념(Vorgriff)이라는 선구조(Vor-struktur) 속에서 움직인다고 말한다. 현존재의 해석은 언제나 '선구조'를 전제한 채 '……로서 구조'(die als Struktur)를 밝혀내는 과정으로 반복 진행되거니와, "이해에 기여해야 하는 모든 해석은 해석되어야 할 것을 이미 이해하고 있어야만 한다." 그러므로 "순환 속에서 [순환을 한갓 순환논증으로 만드는] 허물(ein vitiosum)을 보고 그것을 비껴갈 방도를 찾는 것, 아니 그것을 불가피한 불완전성으로 >느끼는 것< 자체가, 이해를 근본적으로 오해하고 있다는 뜻이다. (……) 이해에 있어서의 순환은 의미의 구조에 속하며, 그 현상은 현존재의 실존론적 틀에, 즉 해석하는 이해에 뿌리를 두고 있다"(*Sein und Zeit*, pp.152, 153 (소광희 224, 225, 번역은 내 것임)).; 이남인, 『현상학과 해석학』, 서울대출판부, 2004, 209~217쪽 참조.

을 파노프스키 역시 잘 알고 있었음은 틀림이 없다. 그는 도상해석학이 처한 이 순환을 '유기적 상황'(organic situation)이라고 부르면서, 그것을 피해야 할 곤혹이 아니라 오히려 해석의 달성을 위한 조건으로 파악한다. 그가 일언이폐지하여 말하기를, "몸체 없이 두 발은 걸을 수 없고, 두 발 없이 몸체는 걸을 수 없다. 그러나 인간은 걸을 수 있다."[61]

해석학적 순환의 개념이 말해주는 바, 해석의 과정에서 해석의 전제와 결과는 서로에 대해 가능 조건의 역할을 하며, 그것들에 대한 해석자의 인식은 고정되어 있지 않고 해석이 진행될수록 막연한 이해에서 더 명시적이고 더 풍부한 이해로 심화된다.[62] 그러므로 우리는, 파노프스키가 생각하는 전승사의 객관적 타당성이란 해석 외부의 상수처럼 불변하는 것이 아니며, 의미 해석에 의해 얼마든지—그 자체가 부분적으로 교정될 수 있는 가능성을 포함하여—더 명료해지고 풍부해질 수 있는 상대적이고 잠정적인 것임을 잊지 말아야 한다. 한편, 전승사가 제공하는 객관적 이해의 이 '불완전성'이, 해석자가 전승사를 전제하고 그것을 조회할 필요를 없애거나 경감시키지 않는다는 것도 당연하다. 전승사를 무시할 권리를 지닌 해석자의 '순수한' 주관을 만일 원한다면 가정이야 해볼수 있겠지만, 파노프스키가 보기에는 그 주관 역시—본질적 의미 해석의 주체로 존재하는 한에서는—그 자체가 세계관의 역사 안에 포섭되어 있는 하나의 세계관적 원태도일 수밖에 없을 것이기 때문이다.

---

61) *Meaning*, p.9(임산 45); p.16(임산 53); p.21(임산 59). 파노프스키는 1932년 논문에서 빈트(E. Wind)를 인용하여 동일한 취지의 더 재치 있는 비유를 든다. 외줄 타기를 하는 사람이 떨어지지 않는 이유를 아들이 묻자 "저 사람이 균형 막대기를 잡고 있잖아"라고 대답하고, 막대기가 떨어지지 않는 이유를 묻자 "바보야, 저 사람이 막대기를 꽉 잡고 있다고"라고 대답하는 아버지는 논리적 설명에 실패한 것으로 보이지만, 어쨌든 외줄 타는 사람은 막대기를 잡고 떨어지지 않는다는 것이다. "Problem," p.205 참조.

62) 이남인, 앞의 책, 217쪽 참조.

세계관의 실체에 대한 물음

지금까지의 논의를 정리해보자. 파노프스키가 도상해석학의 기획하에 추구한 작품의 본질적 의미란 무엇인가? 그것은 그가 '인간 정신의 본질적 경향' '국가, 시대, 계급, 종교적 또는 철학적 신념의 기본 태도' '세계에 대한 근본적 태도' 등으로 지칭하는, 작품 배후에서 작품 생산을 규정하는 일종의 역사적 세계관이라고 할 수 있다. 이 세계관은 창작자 개인의 예술적 능력을 통해 발현되고 발휘된다는 점에서 개인적이고 주관적인 것으로 보일 뿐, 사실상 개인의 의도나 관념을 넘어서 존재하는 초개인적이고 초주관적인 세계관이다. 말하자면, 그것은 개인의 정신이 소유하는 세계관이라기보다는 개인의 정신을 규정하는 세계관이다. 작품의 본질적 의미란 개별적 정신의 채널을 통해 작품에 응축되어 담긴 그 세계관의 '내용'이며, 작품의 형식이나 관념이 아니라 그 내용에 주목하여 작품을 세계관의 기록이자 징후로 이해하는 것이 파노프스키가 생각하는 해석의 본령이다.

가장 개인적일 수밖에 없는 예술적 창작 능력과 행위의 결과물인 작품의 가장 내적인 의미가 초개인적인 세계관의 응축이라는 파노프스키의 관점은 그 자체로 대단히 독특하다. 그런데 이 미술사학의 대가가 강조하는 바, 이 역사적 세계관은 해석의 대상일 뿐 아니라 해석의 원천이기도 하다. 즉, 세계관은 의미의 객관적 원천일 뿐 아니라 주관적 원천이기도 하다. 의미의 주관적 원천으로서, 세계관은 하이데거가 말하는 이해의 선구조로서 해석자의 정신을 규정할 뿐 아니라, 파노프스키식으로 말하면 해석자의 개인적 경험에 의해 질적으로 한정되어 다시-창작함이라는 의미 형성 작용의 토대가 된다. 그리고 세계관은 이렇게 의미의 객관적 원천이자 주관적 원천으로 기능함으로써, 세계관의 역사——파노프스키가 말하는 일반적 정신사——를 구성한다.[63] 사태가 이러하니, 본질적 의미 즉 '세계관적 의미'(Weltanschauungssinn)[64]의 해석 시도에서, 의미 해석의 결과로 구성되는 일반적 정신사가 해석의 전제(또는 교정 수단)이기도 하다는 순환의 구조가 나타날 수밖에 없는 것은 지극히 당연한 일이다. 도상해석학에서 나타나는 해석학적 순환은 근본적으로 세계관의 자기 해석 구조에서 기인한다. 도상해석학이 세계관의 자기 해석인 한에서, 해석학적 순환은 도상해석학의 숙명이다. 그 미술사학자는 이 낯선 숙명을 미술사학에 부여하고 스스로 받아들임으로써, 자기 자신도 어느 정도 의식하고 있었듯이, 미술사학을 철학으로 심화시켰다.[65]

이제 비로소 물음을 던져보자. 긴 논의를 거쳐 '본질적 의미'의 의미로서 밝혀진 이 역사적 세계관, 개별 작품과 개별 해석자 안에 들어와 해석의 대상이자 원천으로서 기능하는 이 초개인적 세계관이란 도대체 정확히 무엇인가? 우리는 지금까지 검토한 파노프스키의 텍스트가 도상해석학의 대상에 대한 완결적 설명을 제공해주고 있다고 판단해도 좋은가? 나의 판단으로는, 텍스트와의 대결을 통해 우리가 찾아낼 수 있었던

---

63) 따라서 파노프스키가 미술사 해석의 교정 수단으로 언급하는 '일반적 정신사'나 '징후의 역사' 같은 개념은, 객관적 의미의 역사인 미술사 또는 주관적 의미의 역사인 해석사(또는 해석 결과의 누적으로서의 학문사) 어느 한쪽으로 환원될 수 없는 포괄적인 것이다.

64) "Problem," p.201.

65) 이 말은 미술사학으로 철학을 확장시켰다고 바꿔도 아무 문제가 없을 것이다. 물론 한 가지 언급해둘 것은, 파노프스키의 이러한 '철학적 편향'이 당연히 모든 미술사학자들에게 환영의 반응을 불러일으키지는 않으리라는 것이다. 예컨대, 파노프스키가 미술사의 구체적 내용(Inhalt)을 사실상 무시하고 역사 바깥에 아르키메데스의 지레 받침점 같은 전능하고 초시간적인 관점을 구성하려 했다는 디트만(L. Dittmann)의 비판은 —앞에서 언급한 신준형의 부정적 평가와 더불어— 미술사 연구의 '철학적 편향'에 대해 미술사학자들이 보일 수 있는 하나의 전형적인—그리고 대부분의 경우 피상적인— 반응이라고 할 수 있다. L. Dittmann, *op. cit.*, pp.338, 339 참조.

성과는 대답이 아니라 오히려 물음에 가깝다. 파노프스키는 도상해석학에 대한 체계적인 개념 설명을 시도하면서 '세계에 대한 근본적인 태도' '인간 정신의 본질적 경향' '국가, 시대, 계급, 종교적 또는 철학적 신념의 기본 태도' 등의 핵심어를 발설했으나, 설명의 맥락 속에서 드러나는 것은 그것의 작동 방식이지 구체적 실체가 아니다. 따라서 우리는 지금까지의 논의를 바탕으로 하여, 다음과 같은 물음을 새롭게 던져야 한다. 그가 구구한 핵심어로써 지칭하려 한 '세계관'의 실체는 도대체 무엇인가? 초개인적인 세계관이 개인의 정신에 의해 개별화될 수 있는 이유는 무엇인가? 세계관의 역사는 예술 작품을 비롯한 문화적 현상 속에서 과연 '실증'될 수 있는가? 실증될 수 있다면 과연 어떻게?

나는 이러한 물음이 원칙적으로 두 가지 방향에서 탐구될 수 있다고 생각한다. 첫째는 파노프스키가 가끔씩 지나가는 식으로, 그러나 의미심장하게 언급하고 있는 카시러(E. Cassirer)의 상징형식 개념에 깊이 천착하는 것이다. 주지하다시피, 카시러는 다양한 감각 경험을 관계 짓고 조직하는 정신의 선험적 형식을 가정하고 그 형식의 상징적 기능에 의해 다양한 의미 세계로서의 문화 영역과 문화적 산물이 나타난다고 주장했다. 이 동료 철학자를 통로로 삼는다면, 파노프스키의 세계관은 정신에 속하는 의미 내용과 구체적이고 감각적인 기호를 연결해주는 일종의 보편적이고 선험적인 인식형식으로 설명될 수 있을 것이다.[66] 선험철학적 또는 인식론적 접근과 더불어, 또 한 가지 중요한 연구의 방향은 예의 저

---

66) O. Bätschmann, "Beiträge zu einem Übergang von Ikonologie zu kunstgeschichtlicher Hermeneutik" in: *Ikonographie und Ikonologie* (ed. E. Kaemmerling), pp.460~484, p.470 참조. 카시러를 통한 파노프스키의 '비평적 연구'(critical research)를 진척시키기 위해서는, 카시러의 『상징형식의 철학』과 파노프스키의 초기 논문들을 비교, 대질하며 영향 관계를 면밀히 추적하는 작업이 당연히 선행되어야 할 것이다.

세계관의 표명(manifestation)으로 가정되는 문화적 현상들의 상호관계에 직접 주목해 그것을 분석하는 것이다. 이러한 연구를 위한 결정적 실마리를 제공해주는 책이 바로 『고딕건축과 스콜라철학』이다. 앞의 해제에서 설명했듯이 이 책은 한 시대의 인간 활동에 특정한 통일적 패턴을 부여함으로써 상이한 문화적 영역 사이에 평행관계를 구축하는 원리인 '심적 습성'을 강조한다. 나는 이 책에서 파노프스키가 중세건축과 중세철학의 자료를 대조하며 입증, 제안하는 이 개념이야말로, 우리가 이 글에서 찾아낸 '본질적 의미'의 의미, 즉 '세계관' 개념에 대한 파노프스키 자신의 가장 구체적인 설명이 될 수 있으리라 생각한다.[67] 그러므로 이 에필로그는 이 번역서의 프롤로그이기도 하다.

---

67) 파노프스키는 1938년 코흐(Th. W. Koch)에게 보낸 서한에서 내 생각을 뒷받침해주는 짧은 언급을 남기고 있다. 여기서 그는 예술 작품의 주제와 내용을 시대의 일반적 습성과 연결시키는 것이 자신의 학문적 기획의 관심이라고 말하고 있다. *Korrespondenz 1910 bis 1968*, ed. by D. Wuttke, Wiesbaden: Harrassowitz Verlag 2001~2011, Bd.2, p.135 (T. Viola, "Peirce and Iconology: Habitus, Embodiment, and the Analogy between Philosophy and Architecture," in: *European Journal of Pragmatism and American Philosophy* 4 (2012), pp.6~31, at p.18 재인용) 참조.

더 읽어볼 책들

『고딕건축과 스콜라철학』

Gothic Architecture and Scholasticism, Latrobe, Pa.: Archabbey Press 1951.

불역본: *architecture gothique et pensée scolastique*, trad. et postface de P. Bourdieu, Lonrai: Les édition de minuit 2011.

독역본: *Gotische Architektur und Scholastik*, übers. von T. Frangenberg, Köln: DuMont, 1989.

파노프스키의 다른 텍스트들

"Die Perspektive als symbolische Form", in: *Vorträge der Bibliothek Warburg 1924-25*. Leipzig/Berlin 1927, pp.258~330(『상징형식으로서의 원근법』, 심철민 옮김, 도서출판b, 2014).

"Zum Problem der Beschreibung und Inhaltsdeutung von Werken der bildenden Kunst," in: *Ikonographie und Ikonologie*, ed. by E. Kaemmerling, Köln: DuMont, [6]1994, pp.185~206.

Studies in Iconology: Humanistic Themes in the Art of the Renaissance, New York: Harper & Row, 1972(『도상해석학 연구』, 이한순 옮김, 시공사, 2002).

Meaning in the Visual Arts, Garden City, N. Y.: Doubleday, 1955. (『시각예술의 의미』, 임산 옮김, 한길사, 2013).

Korrespondenz 1910 bis 1968. Eine kommentierte Auswahl in fünf Bänden, ed. by D.

Wuttke, Wiesbaden: Harrassowitz, 2001~2011.

K. Michels & M. Warnke (Ed.), *Deutschsprachige Aufsätze*, vols. 2, Berlin, Akademie Verlag, 1998.

관련 저자의 원전

Aristoteles, *The Categories, On interpretation, Prior Analytics*, trans. by H. Cooke & H. Tredennick, Cambridge, Mass.: Havard University Press, 1938.

____, *Metaphysik*, übers. von H. Bonitz, bearb. von H. Seidl, Hamburg: Meiner, 1980(『형이상학』, 김진성 옮김, 이제이북스, 2007).

____, *Nikomachische Ethik*, übers. von F. Dirlmeier, Berlin: Akademie Verlag, 1956 (『니코마코스윤리학』, 김재홍 외 옮김, 이제이북스, 2006).

Thomas Aquinas, *Summa theologiae*, Editio Leonina vols. 4~12, Roma-Paris, 1888~1906.

2차 문헌

강미정, 「E. Panofsky의 미술사학에 대한 재고찰 - K. Moxey의 문화정치학적 입장을 중심으로」, 『인문논총』 50, 서울대학교 인문학연구원, 2003, 211~240쪽.

김재원, 「Ikonologie의 형성 과정 - Panofsky의 초기 논문을 중심으로」, 『미술사학』 3, 1991, 미술사학연구회, 167~197쪽.

박남희, 「시각예술의 사회·역사적 의미 해석과 세계관의 이해-에르빈 파노프스키와 칼 만하임의 해석 이론을 중심으로」, 『예술학』 2, 한국예술학회, 2006, 93~124쪽.

박일호, 「E. 파노프스키의 도상해석학과 원근법 이론」, 『미학』 36, 한국미학회, 2003, 199~224쪽.

신준형, 『파노프스키와 뒤러: 르네상스 미술과 유럽중심주의』, 시공사, 2004.

임석재, 『하늘과 인간 - 임석재 서양건축사 3』, 북하우스, 2006.

조주연, 「미학과 역사가 미술사를 만났을 때」, 『미학』 52, 한국미학회, 2007, 373~425쪽.

하선규, 「예술과 문화적 삶 - 서구미학사의 몇 가지 전환점에 관한 시론」, 『미학』 49, 한국미학회, 2007, 159~213쪽.

A Commemorative Gathering for Erwin Panofsky at the Institute of Fine Arts, New York

University in Association with the Institute for Advanced Study, March 21, 1968.

Bourdieu, P., "Der Habitus als Vermittlung zwischen Struktur und Praxis," in: *Zur Soziologie der symbolischen Formen*, Frankfurt a. M.: Suhrkamp, 1974, pp.125~158.

Branner, R., "A Note on Gothic Architects and Scholars," in: *Burlington Magazine* 99, 1957, pp.372~375.

Ernst, G., "Rezension zu Panofsky 1951," in: *Kunstchronik* 6, 1953, pp.42~49.

Holly, M., *Panofsky and the Foundations of Art History*, Ithaca: Cornell University Press, 1985.

Kaemmerling, E.(ed.): *Ikonographie und Ikonologie*, Köln: DuMont, ⁶1994. (『도상학과 도상해석학』, 이한순 외 옮김, 사계절, 1997.)

Lavin, I.(ed.): *Meaning in the Visual Arts: View from the Outside. A Centennial Commemoration of Erwin Panofsky (1892-1968)*, Princeton: Institute for Advanced Study, 1995.

Mark, R.(ed.), *Architectural Technology up to the Scientific Revolution*, Cambridge MA: MIT Press, 1993(『서양건축기술사』, 김태중 옮김, 경남대출판부, 1999).

Morey, C., *Medieval Art*, New York: Norton, 1942.

Müller, H., *Notre-Dame von Chartres: Über Sinn und Geist der gotischen Architektur*, Bad Saarow: Müller, 2003.

Podro, M., *The Critical Historians of Art*, New Haven: Yale University Press, 1983.

_____, "Peirce and Iconology: Habitus, Embodiment, and the Analogy between Philosophy and Architecture," *European Journal of Pragmatism and American Philosophy* 4, 2012, pp.6~31.

Radnoti, S., "Die wilde Rezeption. Eine kritische Würdigung Erwin Panofskys von einem kunstphilosophischen Gesichtspunkt aus," *Acta Historiae Artium* 29, 1983, pp.117~153.

Reudenbach, B.(ed.), *Symposion. Erwin Panofsky. Beiträge des Symposions Hamburg, 1992*, Berlin: Akademie Verlag, 1994.

Sauerländer, W., "Barbari ad portas. Panofsky in den fünfziger Jahren," in: *Erwin Panofsky. Beiträge des Symposions Hamburg 1992*, hrg. von B. Reudenbach, Berlin: Akademie Verlag 1994, pp.123~137.

Semper, G., *Die textile Kunst für sich betrachtet und in Beziehung zur Baukunst* (Der Stil in den technischen und tektonischen Künsten, oder praktische Ästhetik: ein

Handbuch für Techniker, Künstler und Kunstfreunde, Band 1), Frankfurt a. M.: Verlag für Kunst und Wissenschaft, 1860.

Simson, O., *The Gothic Cathedral: Origins of Gothic Architecture and the Medieval Concept of Order*, Princeton: Princeton University Press, 1956.

Viola, T., "Peirce and Iconology: Habitus, Embodiment, and the Analogy between Philosophy and Architecture," in: *European Journal of Pragmatism and American Philosophy* 4, 2012, pp.6~31.

파노프스키 연보

1892년 3월 30일, 하노버의 부유한 광산업자 집안에서 출생. 아버지 아르놀트
파노프스키(Arnold Panofsky), 어머니 체칠리 파노프스키(Caecilie Solling
Panofsky). 베를린에서 성장.

1910년(18세) 베를린에서 김나지움을 마치고 아비투어 합격.

1911~14년(19~22세) 베를린과 뮌헨에서 철학, 문헌학, 미술사 공부.

1914년(22세) 프라이부르크대학교에서 빌헬름 푀게(Wilhelm Vöge)의 지도 아래
박사 학위 취득. 학위 논문 제목은 『뒤러의 미술이론』(*Dürers Kunsttheorie*).

1916년(24세) 도로테아 모세(Dorothea Mosse)와 결혼.

1920년(28세) 미켈란젤로에 관한 논문으로 교수 자격 취득(교수 자격 논문은
오랫동안 분실되었다가 2012년 발견됨). 신설 함부르크대학교의 미술사학
교수로 초빙됨.

1923년(31세) 프리츠 작슬(Fritz Saxl)과 공동 작업으로 『뒤러의
멜랑콜리아』(*Dürer's Melancholia*) 출간.

1924년(32세) 『이데아』(*Idea: A Concept in Art Theory*) 출간.

1926년(34세) 함부르크대학교에서 정교수(ordinarius)가 됨.

1927년(35세) 『상징형식으로서의 원근법』(*Die Perspektive als symbolische Form*) 출간.

1931~33년(39~41세) 미국 방문. 뉴욕대학교에서 강의.

1933년(41세) 나치에 의해 함부르크대학교 교수직에서 해임됨. 미국 체류 중 해임
통보를 받고 여름에 귀국하여 지도 학생들의 졸업시험과 논문 심사를 마친 뒤
1934년 가족들과 미국으로 영구 이민.

1934년(42세) 뉴욕대학교에서 잠시 가르치다가 프린스턴의 신설 고등과학원(Institute of Advanced Study)교수로 초빙됨. 프린스턴 고등과학원에는 아인슈타인, 괴델, 폰 노이만, 오펜하이머 등이 함께 재직했음.

1939년(47세) 『도상해석학 연구』(*Studies in Iconology: Humanistic Themes in the Art of the Renaissance*) 출간.

1946년(54세) 『수도원장 쉬제와 생-드니 성당』(*Abbot Suger on the Abbey Church of St. Denis and Its Art Treasures*) 출간.

1951년(59세) 『고딕건축과 스콜라철학』(*Gothic Architecture and Scholasticism*) 출간.

1953년(61세) 『초기 네덜란드 회화』(*Early Netherlandish Painting*) 출간.

1964년(72세) 『묘지조각상』(*Tomb Sculpture*) 출간.

1965년(73세) 첫 부인 도로테아 사망. 이듬해 게르다 쇠르겔(Gerda Soergel)과 재혼.

1968년(76세) 3월 14일 사망.

옮긴이의 말

파노프스키의 『고딕건축과 스콜라철학』을 번역해 내놓는다. 이 책을 구해 번역에 착수한 것은 2008년 봄이었다. 다른 연구들 때문에 집중적으로 작업할 시간을 내기가 어려웠고, 2012년 여름에야 비로소 부족하나마 읽을 만한 초역 원고를 완성할 수 있었다. 그 후 2년여 동안 초역 원고를 수없이 다듬는 한편, 번역에 대한 책임 있는 해제를 쓰기 위해 파노프스키의 도상해석학 방법론에 관한 본격적인 연구를 했다. 번역이든 연구든, 해도 해도 끝이 없는 작업이었다. 새 문맥과 뉘앙스가 열리는 잠깐씩의 기쁨이 강렬하기는 했으나, 그 속에 들어가 있어보는 것 외에는 별도리가 없는 미궁이 텍스트 위에 징그럽게도 펼쳐져 있었다. 인간의 시간은 가는데, 더 알기 위해 읽어야 할 텍스트와 조사해야 할 자료는 갈수록 더 많이 발견되었다.

공부야 누구에게나 힘든 것일 테고 고통스럽지 않으면 또 좋은 것도 아니니, 지난 그 시간이 힘들었다고 굳이 징징대며 말해 무엇하랴만, 말하자면 미궁의 건축가인 파노프스키라는 사람에게 그 미궁은 도대체 어떤 것이었을까 하는 질문은 종래로 지울 수가 없다. 그는 텍스트의 미궁을 건축한 사람이지만, 그에 앞서 그 텍스트에 담고자 했던 '사태의 미궁'을 방황하여 답파한 사람일 것이다. 그리고 그는—비재(非才)에서 비롯된 옮긴이의 고통과 비견하는 것이야 애초에 가당치 않은 일이겠으나—보통의 학인과 같은 종류의 고통을 느끼기에는 너무도 독특한 방향으로 공부한 사람일 것이다. 상상하고 비유하자면, 그에게 공부는 아마도 셜록 홈스의 추리 같은 것이 아니었을까. 그리고 그에게 공부의 고통은 수임한 미제 사건을 마주 보는 불면의 긴장 같은 것이 아니었을까. 파노프스키 자신이 탐정소설 마니아였다는 것도 가만히 생각해보면 우연만은 아닌 일이다. 탐정이란 누구인가? 본디 그는 명증한 또는 필연적인 증거를 발견하려 땀 흘리는 사람이 아니다. 탐정이란 이를테면, 무질서한 수많은 데이터를 종합하여 나타나지 않는 연관을 직관으로 구성하는 사람이다. 개연적 상상의 수면 위로 진실의 전모가 떠오를 때까지, 그는 범죄 현장의 분위기와 용의자의 삶의 디테일을 머릿속에 보존하고 짜 맞춘다. 보아야 할 진실은 보이는 사실 뒤에 있다. 종잡을 수 없는 징후만 가지고 희귀한 병인(病因)을 찾아내야 하는 진단의 작업―『도상해석학 연구』 서문에서 도상해석학의 작업을 설명하기 위해 선택하는 비유―도 비슷하다. 그렇다면 파노프스키가 미술사의 자료를 뒤져 찾아내고자 한 진실의 전모는 무엇이었을까? '세계관적 태도' 또는 '심적 습성'이라고밖에는 그 자신도 딱히 표현할 길이 없었던 저 인간 정신의 움직임.

한 가지 잊지 말아야 할 것은, 파노프스키가 밝혀내려 했던 그것, 인간의 정신사가 미술사만의 대상은 아니라는 점이다. 인간의 정신사는 그가 주로 다룬 미술사뿐 아니라 정신의 언어적, 개념적 기록인 철학사 문헌을 비롯하여 모든 인공물 또는 문화적 산물에 어떤 흔적처럼 깃들어 있는 것이다. 파노프스키의 본래 관심사가 미술사 자체였다기보다 도상해석학이라는 방법론이었다는 평가는 그래서 충분히 일리가 있다. 도상해석학은 미술사 연구의 방법론이지만 사실 단지 그것뿐인 것은 아니다.

그것은 미술의 도상이나 문화의 모든 시각적 자료를 보편적 인간 정신사의 간접적이고 징후적인 일환으로 해석하려 한다. 그것은 도상 자체가 아니라 도상이 가리키는 초개인적 근원을 철저히 주시한다. 말하자면 도상은 달이 아니라 손가락이고, 그러기는 수많은 '정신과학적' 분과 학문들이 다루는 모든 문화적 자료도 매한가지라는 것이다. 그러므로 파노프스키의 추리적 학문에 군이 이름을 붙이자면, 문화 일반을 인간 정신의 어떤 징후의 그물망으로 이해하는 '철학적 문화학' 또는 인간 정신의 기록 전반을 탐색하는 '역사학으로서의 인문학'—파노프스키에 따르면 모든 인문학은 근본적으로 역사학이다—정도가 그나마 적합할 것이다. 요즘 워낙 근본 없이 유행하는 말이라 빌려 오기가 썩 내키긴 않으나, 말의 본래적 의미에서 '초분과적' '학문 융합'의 전형적 태도를 찾아볼 수 있는 데가 알고 보면 바로 그의 텍스트다.

　디테일 안에 들어와 있는 거대한 어떤 것을 찾는 사람답게, 파노프스키는 흔히 그의 전공이라고 알려져 있는 미술사뿐 아니라 문헌학과 철학을 비롯해 문학, 영화 등 다방면에 상당한 조예를 가지고 있었다. 프린스턴 고등과학원의 동료들이 그를 부르던 '팬'(Pan)이라는 애칭처럼 그는 실로 '광범위한' 지식과 시야를 지닌 학자였다. 내면적으로는 우울과 고독감에 시달렸고 무대공포증까지 있었으나, 영어와 독일어와 라틴어로 시를 쓰고 수많은 지인과 끊임없이 편지를 주고받았으며 매일 같이 모차르트의 음악을 들었다. 그는 명민한 두뇌뿐 아니라 날카로운 유머 감각으로도 유명했는데, 영어판 서문을 쓴 브루노 수사(Fr. Bruno O.S.B.)에 따르면, 우스갯소리로 자신의 묘비 문구를 미리 말해주곤 했다고 한다. "그는 아기들, 정원 가꾸기, 새를 싫어했고, 약간 명의 어른과 모든 개와 단어를 사랑했다"라고. 또한 아이들은 라틴어를 배울 때까지는 눈에 띄어서도 안 되고 그들이 하는 말이 귀에 들어와서도 안 된다고 말하곤 했다니, 라틴어를 모르는 독자들은 책을 읽으며 어쩌면 조심해야 할지도 모르겠다. 어쨌든 그는 개와 고전어를 평생에 걸쳐 사랑했다.

학자이자 인간으로서의 그의 개성에 대해서는 이쯤 말해두고, 이 번역에 대해 몇 마디만 하자. 번역에서 겪었던 어려움은 크게 두 가지였다. 첫째는 파노프스키의 영어다. 그가 골라 쓰는 희귀한 어휘야 사전을 찾으면 되고 그가 섞어 쓰는 고전어 역시 해석하면 그만이지만, 어휘는 분명 영어이되 문장은 도대체 영어가 아닌 것 같아 수십 번을 고쳐 보면 또 딱히 위배한 영문법이 있는 것도 아니어서, '이건 영어가 아냐'라고 외치며 분개하려던 기세가 맥없이 잦아들 수밖에 없었던 그런 문장이 무수히 많았다. 파노프스키의 구술을 타이핑하는 업무를 맡았던 비서(Roxanne Heckscher)가 말년의 비망 인터뷰에서 말하기를, 파노프스키의 어휘력은 토를 달 필요 없이 출중했으나 어순은 매우 특이했는데, 희한한 어순 때문에 "당신 지금 독일어를 하는 건가요" 하고 물어보면 "아니 라틴어를 하는 중이요"라고 대답했다고 하거니와, 아니나 다를까 어순이 별 의미가 없는 고전 라틴어 문장을 연상시키는 파격 속에 그는 정치한 의미를 새겨 넣고 때로는 심지어 운(韻)까지 가볍게 앉혀놓곤 한 것이니, 옮긴이로서는 독일어와 프랑스어 번역본을 일일이 대조하며 문장에 담긴 그의 속내를 고민 끝에 짐작하는 것이 최대치요, 만족스럽게 번역하는 것은 언감생심, 요령부득인 경우가 숱하게 많았다고 고백하지 않을 수 없다. 그런데 그렇다고 해서 본래의 뉘앙스를 포기하고 내 속 편하자고 의역을 자행할 수도 없는 노릇 아닌가. 사라져서는 안 될 유산 같은 영어 문장의 기운을 남겨두려는 욕심이 앞서, 때로는 직역의 소화불량에 걸린 한국어의 아우성을 듣고도 모른 체했음을 미안스럽게 밝혀두거니와, 그 아우성이 독자들에게 부디 작게 들리기를 바랄 뿐이다.

두 번째 어려움은 건축에 대한 지식이 부족한 옮긴이가 마주쳐야 했던 수많은 건축 전문용어, 그리고 현존 고딕건축물에 대한 생생한 세부 묘사였다. 건축용어사전을 뒤지고 건축사 서적을 공부하며 오역의 죄를 짓지 않으려 노력했다. 그러나 이러한 노력과 무관하게, 논급되는 성당에 실제로 가서 직접 눈으로 보며 읽어야 성에 차게 이해가 될 성싶은 문장이 여럿 있었다. 뉴저지의 연구실에 앉아 대서양 건너편 성당의 벽돌 하나까지 떠올리고 있는 듯한 파노프스키의 저술 능력은 이해하기 어려웠고, 할 수만 있다면 그의 등을 떠밀며 유럽의 성당을 함께 순회하면서 문장 하나하나를 따져 묻고 싶다는 충동이 들 때가 많았다. 이것은 변명이 아니라 고백이니, 옮긴이가 자문을 받을 복이 없던 중세건축사 전공자들이 이와 관련된 질정을 주신다면 실로 감사히 받겠다.

  자랑할 만한 한 가지 복은 이탈리아 문학 전공자인 김운찬 선생님으로부터 이탈리아어 번역의 도움을 받을 수 있었다는 것이다. 긴요한 도움을 주신 선생님께 존경과 감사의 마음을 표한다. 번역 노동의 노고에 뒤지지 않을 교정의 노고를 쏟아주신 한길사 편집부에 대한 감사는 말할 필요도 없다. 앓던 이 같은 번역이 끝났으니, 미뤄두었던 본업인 중세철학 연구를 이제 다시 마음껏 할 생각에 기쁘다. 그리고 몸 약한 아내를 조금 더 돌볼 것이다. 사실 이 번역은 파노프스키의 스승 바르부르크(Aby Warburg)를 공부해온 아내가 했어야 더 마땅한 것인지도 모르겠다. 그를 대신해 내가 했으니, 그에게는 당분간 미안함과 고마움뿐이다. 그런데 미안함도 사랑인가, 사랑의 선물인 이 번역서는 김소영의 것이다.

  2015년 12월, 대구에서 김율

찾아보기

성당명

지은이 에르빈 파노프스키

독일 하노버에서 태어났다. 베를린, 뮌헨, 프라이부르크에서 공부했으며
1914년 알브레히트 뒤러에 대한 논문으로 박사학위를,
1920년 미켈란젤로에 대한 논문으로 교수자격을 취득했다.
함부르크의 바부르크 문화학 도서관(Warburg-Bibliothek für Kulturwissenschaft)에서
연구했고 1920년부터 함부르크 대학교의 미술사학 교수로 활동했다.
파노프스키는 함부르크의 1920년대를 '인생의 가장 아름다운 시절'이라 회고했다.
하지만 1930년대 나치가 집권하자 그는 미국으로 이주해 돌아오지 않았으며
이후 프린스턴의 고등과학원(Institute of Advanced Studies)에서 연구했다.
파노프스키는 양식 연구를 중심으로 한 미술사학자로서 출발했으나,
바부르크의 정신적 유산을 계승함으로써 도상해석학(iconology)이라는
새로운 이론 체계와 구체적 방법론을 확립해
20세기의 가장 중요하고 독창적인 미술사학자가 되었다.
그의 도상해석학은 기존의 도상학(iconography)에서 더 나아가
인간의 총체적·정신사적 맥락에서 도상의 심층적이고 복합적인 의미를
밝히려 시도함으로써 미술사의 학문적 지평을 문화학과 철학으로 확장했다.
파노프스키의 주요 저서로는 『조형예술에서의 양식의 문제』(1915),
『이데아』(1924), 『상징형식으로서의 원근법』(1927),
『도상해석학 연구』(1939), 『인문주의 예술가 뒤러』(1943),
『시각예술의 의미』(1955) 등이 있다.

옮긴이 김율

서울대학교 미학과와 동 대학원을 졸업하고 뮌헨 예수회철학대학에서
수학했으며, 레겐스부르크대학에서 중세철학 전공으로 박사학위를 취득했다.
박사학위 논문인 「토마스 아퀴나스의 의지의 자기 운동」(Selbstbewegung des
Willens bei Thomas von Aquin)은 뮌헨대학 그라프만 연구소가 간행하는
'중세 신학 및 철학 연구 총서'(Veröffentlichungen des Grabmann-
Institutes zur Erforschung der mittelalterlichen Theologie und Philosophie)
제51권으로 베를린 아카데미 출판사에서 출간되었다.
2004년 귀국 후 현재까지 서양 고대와 중세의 형이상학·윤리학·미학에
대한 연구 논문을 국내외 학술지에 40여 편 발표했다.
서울대학교와 서강대학교에서 7년간 강사로 일했으며,
현재 대구가톨릭대학 프란치스코칼리지 교수로 재직 중이다.
보스턴 칼리지 로너간 연구소(Lonergan Institute)에서 포닥 연구원으로,
레겐스부르크대학 철학연구소에서 객원교수로 연구했다.
지은 책으로는 『서양 고대 미학사 강의』, 『중세의 아름다움』 등이 있으며,
옮긴 책으로는 토마스 아퀴나스의 『신학대전』 제1부 90-102문,
『대이교도대전』 3부 1편, 『자연의 원리들』과 『신앙의 근거들』,
버나드 로너간의 『은총과 자유』, 요한 바오로 2세의 『사랑과 책임』,
랄프 매키너니의 『그리스도교 윤리학』 등이 있다.

HANGIL GREAT BOOKS 141

고딕건축과 스콜라철학

지은이 에르빈 파노프스키
옮긴이 김율
펴낸이 김언호

펴낸곳 (주)도서출판 한길사
등록 1976년 12월 24일 제74호
주소 10881 경기도 파주시 광인사길 37
홈페이지 www.hangilsa.co.kr
전자우편 hangilsa@hangilsa.co.kr
전화 031-955-2000~3 팩스 031-955-2005

부사장 박관순 총괄이사 김서영 관리이사 곽명호
영업이사 이경호 경영이사 김관영 편집주간 백은숙
편집 박희진 노유연 최현경 이한민 박홍민 김영길
마케팅 정아린 관리 이주환 문주상 이희문 원선아 이진아
디자인 창포 031-955-2097
CTP 출력 블루엔 인쇄 오색 제책 경일제책사

제1판 제1쇄 2016년 1월 15일
제1판 제3쇄 2023년 1월 20일

값 28,000원
ISBN 978-89-356-6444-3 94610
ISBN 978-89-356-6427-6 (세트)

• 잘못 만들어진 책은 구입하신 서점에서 바꿔드립니다.

한길그레이트북스 인류의 위대한 지적 유산을 집대성한다